Für meine Frau, die irgendwann mal meinte:
„Du, wir könnten doch auch mal Rollen tauschen."
Harharhar!

Olaf Nett ist gelernter Anglist und Germanist, wohnt in Hamburg und war lange Jahre Comedy-Redakteur beim NDR. Seit 2008 kümmert er sich hauptberuflich um seine beiden Kinder (6 und 9 Jahre alt) und schreibt nebenher Bücher. Bei Carlsen erschienen von ihm u.a. „Survival für Väter", „Mann – Baby, Baby – Mann" sowie die Fußball-Quiz-Bücher „Hirnjogging für Fußballfreaks" und „50 Jahre: Das Ligaquiz".

Die Cartoons auf den Seiten 6, 22, 57, 79, 94, 108, 115 und 120 stammen von Steffen Gumpert.

1 2 3   14 13 12
© Carlsen Verlag GmbH, Hamburg 2012
Unveränderte Neuausgabe der Originalausgabe von 2009
Lektorat: Oliver Th. Domzalski
Umschlaggestaltung: Christiane Hahn
Layout: Nicole Boehringer
Lithografie: ReproTechnik Ronald Fromme, Hamburg
Druck und buchbinderische Verarbeitung: Livonia Print, Riga
ISBN 978-3-551-68483-7
Printed in Latvia

www.carlsenhumor.de
www.carlsen.de

MIX
Papier aus verantwortungsvollen Quellen
FSC® C002795

SURViVAL FÜR VÄTER

Olaf Nett

VORWORT

Männer lesen eigentlich keine Bücher. Schon gar nicht Bücher über Babys und so. Glücklicherweise jedoch verfügt dieser Ratgeber über modernste „Easy-reading"-Techniken, die speziell für Männer entwickelt wurden: Flipcharts, Schema- und Funktionszeichnungen, Checklisten und natürlich jede Menge Spaß und Spiel nehmen Männern ihre natürliche Angst vorm Buch und vorm (Klein-)Kind.

Wenn Sie diesen Ratgeber durchgearbeitet haben, können Sie sich bedenkenlos zutrauen, sich bis zu 90 Minuten selbständig mit Ihrem Kleinkind zu beschäftigen, ohne dabei selbst auf Betreuung angewiesen zu sein.

Dieses Buch wird ab jetzt Ihr treuer Freund und Begleiter sein in den schweren Stunden, Tagen und Jahren, die noch vor Ihnen liegen.

Viel Spaß mit Ihren Kindern wünscht

Olaf Nett

Kapitel 1

So überleben Sie die Schwangerschaft

Ihre Frau ist schwanger? Sicher?!? Na, herzlichen Glückwunsch! Vor Ihnen liegen nun **neun Monate** voller Missverständnisse, Beziehungskrisen, Tränen und Nörgeleien.

Deshalb an dieser Stelle zunächst ein wenig Trost.
Diese Männchen sind noch viel schlimmer dran als Sie:

Wale: **11-16 Monate** schwanger
Nashörner: **15-18 Monate** schwanger
Elefanten: **20-22 Monate** schwanger

Die Schwangerschafts-Überlebens-Formel (SÜF)

Es gibt unendlich viel zu sagen zum Thema Schwangerschaft und Umgang mit schwangeren Frauen. Das meiste ist kompliziert und schwer zu merken.

Aber wenn Sie die SÜF beherrschen, sorgt das für bis zu 80 % weniger Stress:

> **SÜF: Sie sind ab jetzt nur noch die Nummer 2 im Team.**

Zum besseren Verständnis Ihrer neuen Rolle sprechen Sie bitte die folgenden Sätze laut nach:

Meine Frau ist jetzt James Bond.
Ich bin nur noch Ms Moneypenny.

Meine Frau ist jetzt Captain Kirk.
Ich bin nur noch Scotty.

Meine Frau ist jetzt Bayern München.
Ich bin nur noch Unterhaching.

Meine Frau ist jetzt Derrick.
Ich bin nur noch „Hol schon mal den Wagen"-Harry.

Meine Frau ist jetzt Sherlock Holmes.
Ich bin nur noch Dr. Watson.

Meine Frau ist jetzt Daniel Düsentrieb.
Ich bin nur noch Helferlein.

Kurz: **Meine Frau ist mindestens für die nächsten 9 Monate der Chef.**[1]

---

[1] Ab dann übernimmt Ihr Kind die Chefrolle. Ausgedrückt in den drei ???: Ihr Kind ist dann der 1. Detektiv Justus Jonas, und Sie beide sind nur noch die beiden Knallchargen Peter und Bob.

Erfolgreich kommunizieren mit Schwangeren[2]

Ausgangssituation: ♂ ist mit seiner schwangeren ♀ auf einer Party. Es ist 22 Uhr. ♀ wird müde. Daraufhin sagt ♂ zum Gastgeber:

„Du, wir sind müde.
Wir müssen jetzt los."

Daraufhin sagt ♀:

„**Wir**? Ach, kriegen **wir** auch das Baby? Haben **wir** gemeinsam die Wehen? Ist **uns** jeden Tag zum Speien übel?"

„Wieso müssen wir jetzt los? Das entscheidest nicht Du! Ich habe es echt satt, wie Du mir meine Schwangerschaft wegnehmen willst."

Dann sagt ♂:

„Ok, dann bleiben wir …
ähh bleibst Du noch?"

„Ich wollte Dir
ja nur helfen."

♀ bricht in Tränen
aus und heult unverständlich:

„(heul) In meinem Zustand? Du bist ein so rücksichtsloser Egomane!!! (heul)"

„(heul) Ich bin schwanger, nicht behindert!!! (heul)"

Dann sagt ♂:

„Tut mir leid. Woll'n wir kuscheln?"

„Tut mir leid. Woll'n wir kuscheln?"

Daraufhin sagt ♀:

„Heute nicht."

[2] Nach G. Hüpf, G. Sprungen, Konflikte zwischen werdenden Eltern, Kassel 2003.

▸ Ziel von ♂ ist es, die Kommunikation ohne Streit und Tränen zu überstehen und am Ende evtl. noch ein wenig Zärtlichkeit von ♀ zu erhaschen.

„Du, meine ♀ ist müde. Wir müssen jetzt los".

Daraufhin sagt ♀:

„Klar, jetzt bin ich wieder schuld, dass Du nicht feiern kannst. Feier ruhig weiter. Ich nehm ein Taxi."

„Danke, Schatz, dass Du Dich so um mich kümmerst. Willst Du nicht noch hierbleiben, und ich nehm mir ein Taxi?"

Dann sagt ♂:

„Im Ernst? Kann ich noch bleiben?"

„Nein, nein, ich komme selbstverständlich mit Dir mit."

♀ bricht in Tränen aus und heult unverständlich:

„(heul) Buhu, Du bist so rücksichtslos!! Warum hab ich nicht auf meine Mutter gehört ... (heul)"

„(heul) Buhu, ich hab Dir Dein Leben versaut. Nur weil ich unbedingt ein Kind haben wollte (buhuuuu) ... Ich bin eine so rücksichtslose Egomanin!!! (heul)"

Dann sagt ♂:

„Tut mir leid. Wie wär's mit Versöhnungskuscheln?"

„Das stimmt doch gar nicht! Woll'n wir kuscheln?"

WICHTIGE SÄTZE JETZT SCHON ÜBEN!

Trainieren Sie die folgenden Sätze schon während der Schwangerschaft.
Setzen Sie sich Ihrem Partner gegenüber und versuchen Sie, diese Sätze ganz ernsthaft auszusprechen.

OHNE DABEI ZU LACHEN.
OHNE DABEI ROT ZU WERDEN.
OHNE SICH DABEI ZU FRAGEN: „WO BIN ICH HIER?"

Ist Dein MuMu schon offen?
(Nein, nicht, was Sie jetzt denken. Schwangere Mütter schreiben in Internetforen/Blogs „MuMu" und meinen damit ohne Hintergedanken „Muttermund".)

Liebling, ich glaube, wir müssen mehr bonden!
(Hat nichts mit Bondagesex zu tun! Es geht darum, das Baby in engem Körperkontakt zu halten, so dass es sich an die wohlige Enge im Mutterleib erinnert.)

Was macht denn Dein Wochenfluss?
(... fragt die Hebamme dauernd – und mehr wollen Sie als Mann darüber nicht wissen, garantiert!)

Ob er/sie zahnt, sein/ ihr Kacki ist so sauer.
(Sie glauben gar nicht, wie oft Sie diesen Satz sagen werden.)

**Bringst Du mir bitte
Brusthütchen aus der Drogerie mit?**
(Und Sie schämen sich schon, wenn Sie
mal Kondome kaufen müssen.)

Ich muss noch MuMi abpumpen!
(MuMi ist die gängige Abkürzung für
Muttermilch, und es ist immer gut,
etwas davon im Kühlschrank
zu haben.)

Hast Du sterilisiert?
(Keine Angst, hier geht es nicht um
Ihre Zeugungskraft, sondern darum,
ob das Fläschchen keimfrei ist.)

**Schatz, im Kühlschrank
ist noch Muttermilch.**
(Klingt wie der Titel einer Hollywood-
Horrorfilm-Persiflage,
aber nur gekühlt hält
sie sich frisch.)

NAMENSSUCHE LEICHT GEMACHT

Als Mann haben Sie in puncto Vornamenswahl erfahrungsgemäß sowieso nichts zu melden. Aber warum nicht einmal träumen?

Im Jahr 2000 hat die Gesellschaft für deutsche Sprache zusätzlich zur Aufstellung der beliebtesten Vornamen des Jahres eine Liste mit den skurrilsten je vom Standesamt zugelassenen Vornamen veröffentlicht.
Der bekannteste Name aus dieser Liste ist wohl **Pepsi-Carola**.
Leider hat dies bisher kaum Nachahmer gefunden, obwohl das Feld der coolen Getränkevornamen so viel zu bieten hat.

Wenn Sie also einen wirklich einzigartigen Vornamen suchen, seien Sie bamboocha, nehmen Sie einen von diesen:

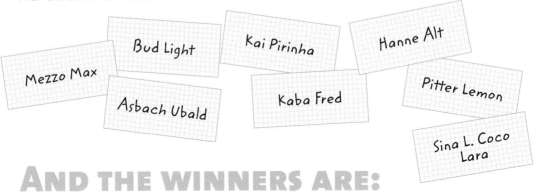

Bud Light

Kai Pirinha

Hanne Alt

Mezzo Max

Asbach Ubald

Kaba Fred

Pitter Lemon

Sina L. Coco Lara

AND THE WINNERS ARE:

NINA COLADA

1

RHET BULL

2

CAPRI-SUSANNE

3

SURVIVAL-TIPP: KINDERVORNAMEN

⟹ Kaufen Sie keine teuren Vornamenbücher.
Klicken Sie schon gar nicht die vielen Vornamensforen im Internet rauf und runter.

⟹ Fahren Sie in den nächstgelegenen Touri-Ort.
Gehen Sie in den erstbesten Souvenirshop.
Hier finden Sie alle top-aktuellen
Kindervornamen auf Buttons,
Zipper-Pals und Kugelschreibern
mit Diddl-Motiven: Leon, Felix,
Charlotte, Sofie, sogar Sophie
und Sophia.

DER RIESENVORTEIL:

Sie ersparen sich einen der größten Heulanfälle in der Geschichte der Menschheit, der fällig ist, wenn Ihr Kind entdeckt, dass es die Dinger nicht mit seinem Namen drauf gibt.

Aber Achtung: Nicht die Vornamen von den Bembeln, Tässchen und sonstigen Tonwaren nehmen! Die sind für alle Wolfgangs, Gerhards, Uschis und Angelikas, also fürchterlich old school!

ULTRASCHALL ...

SAGT MEHR ALS 1000 MUSIKKURSE!

Ultraschallbilder leisten mehr, als nur Freudentränen auszulösen.
Bei genauem Hinsehen lassen sich aus der Fötalgestik oftmals spätere Musikvorlieben herauslesen. Betrachten Sie dazu vor allem die Handstellungen der Kinder:

PUNKER

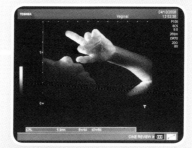

DJ-CULTURE

HEAVY METAL

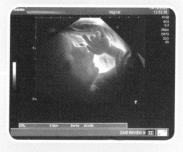

GANGSTA

STONES

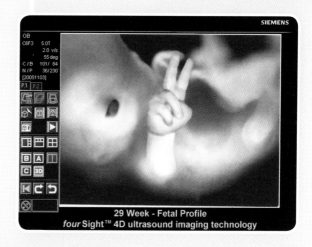

DAS NEST BAUEN:

SO SIEHT EIN SICHERES BABYZIMMER AUS

Beim Einrichten des Babyzimmers sollten Sie unbedingt auf verborgene Fallen achten:

- Könnte sich das Kleinkind irgendwo die Finger klemmen, z. B. an Schranktüren?

- Sind alle Farben wirklich ungiftig?

- Hängen Stoffe frei herum? (Erstickungsgefahr!)

- Können Schränke garantiert nicht vornüberkippen, wenn das Kind daran zieht?

- Kann sich das Baby in etwaigen Gitterstäben verfangen und sich dadurch Ärmchen oder Beinchen verdrehen?

WER SICHERGEHEN WILL, ÜBERLÄSST NICHTS DEM ZUFALL.

„Zuerst hatten wir das ganze Babyzimmer voll mit Zeugs: Wiege, Wickeltisch, Kuscheltiere. Aber dann hat uns ein Kumpel von mir besucht. Der arbeitet als Sicherheitsbeauftragter in einer Anstalt des öffentlichen Rechts. Mannomann, was der uns erzählt hat! Was in so einem Zimmer alles passieren kann! Ich hab die Bude dann komplett ausgeräumt. Meine Frau hat vielleicht Augen gemacht. Aber was soll's ? Sicherheit geht nun mal vor!"

HENDRIK (34), NEU-VATER

SO NICHT!

Schränke nicht gesichert: Kippgefahr!

Ist die Wandfarbe wirklich ungiftig?
Sind Sie 100-prozentig sicher?

Matratzen: lösen oft Allergien aus!
Gitterstäbe: Gefahr durch Steckenbleiben!

Stofftiere: können Allergien auslösen!

Teppich: Achtung, erhöhte Rutschgefahr!

Holzfußböden: Splittergefahr!

SO IST ES SICHER!

Safety first!

Überlassen Sie nichts
dem Zufall.

So sieht ein sicheres
Babyzimmer aus.

Denken Sie immer daran:

SIE TUN ES FÜR IHR KIND!

CHECK UP: GEBURTSVORBEREITUNGSKURS

ACHTUNG: Ihr Geburtsvorbereitungskurs ist nur dann komplett, wenn mindestens vier von diesen fünf Teilnehmern dabei sind:

Die Hypochondermutter: Erzählt jedes Mal, was alles Schlimmes während Schwangerschaft und Geburt passieren kann. Geht nach jedem Kursabend ins Internet und sucht nach neuen Komplikationen.

Der Spaßvogelpapa: Überspielt Unsicherheit mit laut in die Runde gesagten Sprüchen wie „Na, raus sind sie bisher alle gekommen, nä?", und guckt sich dann erwartungsvoll um, ob jemand lacht.

Die total zufriedene Dauerlächlerin: Ihr Grinsen will der Umwelt sagen: „Guckt her, ich bin schwanger und soooo glücklich damit." Wirkt dabei psychotoxisch auf ihre Umwelt: Je mehr sie ihr Schaulächeln aufsetzt, desto genervter werden alle um sie herum.

Die angehende Profimutti: Ist total eifrig dabei. Kennt alle Bücher über Schwangerschaft. Arbeitet zu Hause immer schon den „Stoff" für die nächste Sitzung vor. Mutterschaft ist für sie die späte Chance, es auf einem Feld doch noch zu etwas zu bringen. Gibt allen gute Ratschläge, reagiert aber ungehalten, wenn man ihr einen Rat geben will.

Der „total Liebe": Wirkt immer wie im Wachkoma und sackt bei der Fantasiereise „Durch den Muttermund und zurück" spätestens in der Gebärmutter schnarchend weg.

Kapitel 2

Alles, was Mann zur Geburt wissen muss

26

Sie haben 8 Abende Geburtsvorbereitungskurs hinter sich. Sie haben dafür viel Zeit aufgewendet. Und deshalb muss für Sie gelten:

Versuchen Sie im Kreißsaal, alles im Geburtsvorbereitungskurs Gelernte auch wirklich anzuwenden!

• Zwingen Sie Ihre Frau notfalls, es auch mal auf dem Ball zu probieren.

• Bestehen Sie auf einer Damm-Massage – gelernt ist gelernt.

• Wann immer sich die Chance ergibt, rollen Sie den Körper Ihrer Frau mit dem Massage-Igelball ab.

Schon Tage vor der Fahrt in die Klinik sollte **Ihre Kliniktasche/Ihr Klinikkoffer** fertig gepackt im Flur stehen. Weil oft die entscheidenden Dinge in der Kliniktasche fehlen, gehen immer mehr Männer dazu über, die Tasche selbst zu packen.

CHECK UP:
5 Dinge, die in keiner Kliniktasche fehlen sollten

Stromkabel für die Digi-/Videocam: Oft ziehen sich Geburten über Stunden hin – und Sie sind immer auf Standby. Und wenn dann endlich was passiert, ist auch der Ersatzakku leer. Profis filmen deshalb von vornherein mit Kabel. Aber Achtung: Oft reagieren Hebammen gereizt, wenn man sie freundlich bittet, das Kabel zu halten. Sie sollten deshalb eine Kabelhilfe aus dem Verwandten- oder Bekanntenkreis mitnehmen, die das Kabel trägt und verhindert, dass Sie stolpern.

Scheinwerfer: Kliniklicht ist meist ein Alptraum. Zuzüglich zu 2 Lichtern von vorn sollten Sie für mehr Tiefe im Bild noch zwei Scheinwerfer von hinten wählen. Sollten dafür zu wenig Steckdosen vorhanden sein, ziehen Sie notfalls das CTG raus. Das stetige Summen und Klicken des Geräts versaut ohnehin nur den Ton der Aufnahme.

Lampe zum Aufsetzen auf die Kamera: Typisch: Das Licht ist perfekt, das Kind kann kommen, doch plötzlich fängt Ihre Frau an, so komisch rumzuzucken, und dreht sich voll aus dem Licht! Es ist schon manchmal zum Verzweifeln, wenn man mit Amateuren arbeitet. Das Aufsetzlicht kann Ihre Filmarbeit retten.

Aufheiterungswitze: Schwangere Frauen benehmen sich oft unprofessionell am Set. Gerade, wenn es losgehen soll, verkrampfen sie total. Legen Sie sich deshalb schon im Vorfeld ein paar Sprüche zurecht, um die Stimmung aufzulockern. „Kennt Ihr den mit der Blondine im Kreißsaal ...?" Kommt immer gut.

Telefonnummer des Gebärdoubles: Für den Fall, dass gar nichts geht, sollten Sie rechtzeitig ein Gebärdouble buchen, z. B. eine der anderen werdenden Mütter aus dem Geburtsvorbereitungskurs. Hier hilft man sich gern, wenn es für eine sinnvolle Sache ist.

DAMIT MANN ES VERSTEHT 1

FUNKTIONSSCHEMA GEBURT FÜR MANAGER

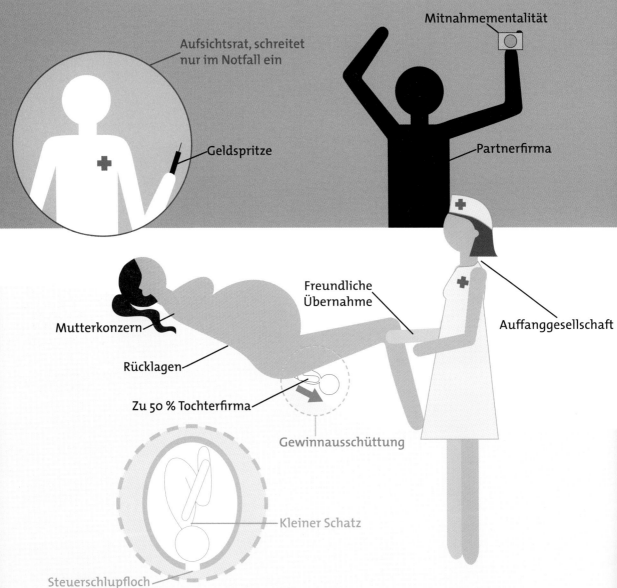

Aufsichtsrat, schreitet
nur im Notfall ein

Geldspritze

Mitnahmementalität

Partnerfirma

Freundliche
Übernahme

Auffanggesellschaft

Mutterkonzern

Rücklagen

Zu 50 % Tochterfirma

Gewinnausschüttung

Kleiner Schatz

Steuerschlupfloch

DAMIT MANN ES VERSTEHT 2

FUNKTIONSSCHEMA GEBURT FÜR HANDWERKER

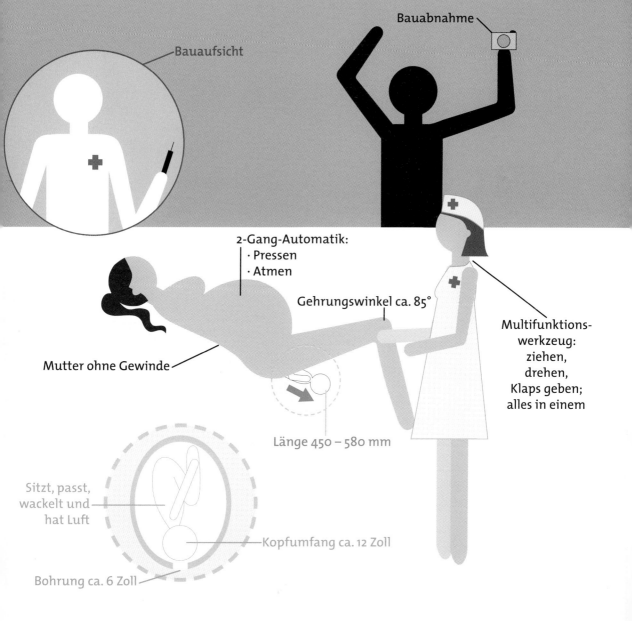

Bauabnahme

Bauaufsicht

2-Gang-Automatik:
· Pressen
· Atmen

Gehrungswinkel ca. 85°

Mutter ohne Gewinde

Multifunktions-
werkzeug:
ziehen,
drehen,
Klaps geben;
alles in einem

Länge 450 – 580 mm

Sitzt, passt, wackelt und hat Luft

Kopfumfang ca. 12 Zoll

Bohrung ca. 6 Zoll

DAMIT MANN ES VERSTEHT 3

FUNKTIONSSCHEMA GEBURT FÜR FUSSBALLFANS

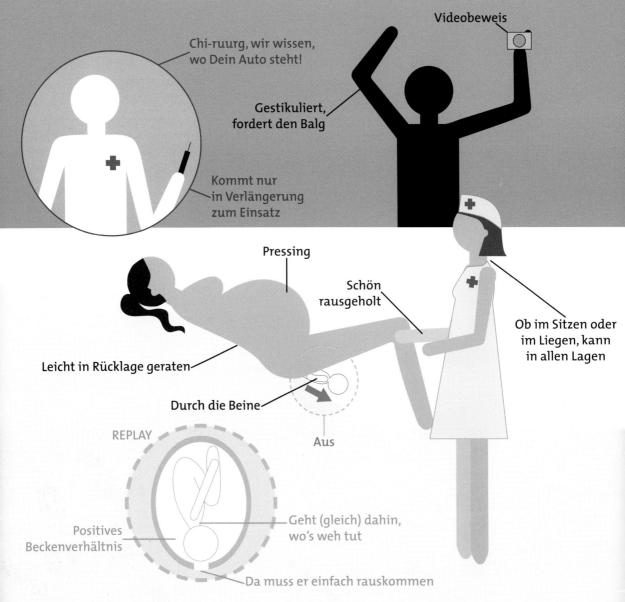

Chi-ruurg, wir wissen, wo Dein Auto steht!

Videobeweis

Gestikuliert, fordert den Balg

Kommt nur in Verlängerung zum Einsatz

Pressing

Schön rausgeholt

Ob im Sitzen oder im Liegen, kann in allen Lagen

Leicht in Rücklage geraten

Durch die Beine

REPLAY

Aus

Positives Beckenverhältnis

Geht (gleich) dahin, wo's weh tut

Da muss er einfach rauskommen

EINDRUCK SCHINDEN IM KREISSSAAL, SO GEHT'S

Normalerweise werden Sie als Partner der Schwangeren von der Hebamme wie ein überflüssiger Trottel behandelt.

Aber das muss nicht sein. **ZEIGEN SIE FACHKOMPETENZ!**

Sprüche vom Fach, **die immer** gut kommen:

„Schwester! 30 mg Lidocain!" **Emergency Room**

„Ich sagte, wir machen ein MRT!" **Dr. House**

„Besser wäre: Fruchtblase stehenlassen." **Grey's Anatomy**

„Schnell: Defi-Epi. Laden auf 300! Und weg!" **Emergency Room**

„Lassen Sie mich mal sehen, ich bin Arzt." **Chicago Hope**

„Bei der Geburt meiner zweiten Tochter hab ich mir vorher einen Arztkittel angezogen und der Hebamme meine perfekt ausgefüllten Wehenprotokolle übergeben, die klar zeigten, dass die Geburt unmittelbar bevorstand. Ich glaube, sie war tief beeindruckt. Sie hat dann auch während der gesamten 19 Stunden Geburt nicht mehr gewagt, mich anzusprechen."

GERNOT (37), ZWEI TÖCHTER

TEAMBUILDING DURCH MOTTO-SHIRTS

Nichts steigert das Teamgefühl im Kreißsaal oder im OP mehr als originelle Motto-Shirts. Hier eine kleine Auswahl an Möglichkeiten:

PDA
UND SPASS
DABEI!

KAISERSCHNITT 2010
ICH WAR DABEI!

Hurra,
Hurra!
Die Wehen
sind da!

HEY:
Mach's einfach aus
dem Bauch raus!

Steht auf,
wenn ihr
Mütter seid!

SURVIVAL-TIPP

⟹ 10 Kommentare, die Sie im Kreißsaal vermeiden sollten:

1. Is was??

2. Mir ist langweilig ...!

3. Wie lange noch?

4. Darf ich den Fernseher anmachen?

5. Tut's weh?

6. Oh Gott, Schatz – das hat ja drei Arme! – War nur'n Scherz.

7. Schwester Vivian, wenn das hier durch ist und meine Frau schläft, können wir ja mal'n Kaffee zusammen trinken.

8. Guck mal, ich kann mit dem Hüpfball rumreiten!

9. Das Baby im Kreißsaal nebenan ist schon da.

10. Mooment, das Blitzgerät lädt noch auf!

CHECK UP:

Geburtsvollzugs-SMS – das muss drin sein!

Wichtig: Nach der Geburt Sammel-SMS verschicken mit den wichtigsten Daten. Viele Männer tun sich jedoch schwer, sie fragen sich:

Welches sind die wichtigsten Daten?

Junge oder Mädchen? JA
Farbe? NEIN
Länge? JA
Breite? NUR KOPF (UMFANG)
Tiefe? NEIN
Gewicht? UNBEDINGT
Uhrzeit? JA
Alter? ÜBERLEGEN SIE DOCH SELBST MAL ...
Höchstgeschwindigkeit? NEIN
Verbrauch? NEIN, ABER DEN ERSTEN BOXENSTOPP KÖNNEN SIE ERWÄHNEN.

Wichtige SMS-Abkürzungen für die Clique aus dem Internet-Schwangerschafts-Forum (die wollen immer Details)

SMS-KÜRZEL	BEDEUTUNG
MuMu 3 cm, sK	Muttermund war schon 3 cm offen! Wir sind sofort in die Klinik!
SG, kD! Bb ok	Spontane Geburt, kein Dammschnitt! Beckenboden ok
P KS, NS ap	Perfekter Kaiserschnitt, Nabelschnur gut auspulsiert
K A, Hhmr!	Keine Ahnung, was passiert ist, Hebamme hat mich rausgeschickt!

Kapitel 3

Baby Basics

BABYS VERSTEHEN: DER SCHREICODE

Viele Eltern verzweifeln, weil sie nicht genau wissen, warum ihr Baby schreit. Dabei ist es ganz einfach. Die folgende Tabelle erläutert Ihnen ganz genau, was dem kleinen Sonnenscheinchen gerade fehlt:

DER SCHREICODE	
Beschwerden	Art des Verhaltens
Hunger	Schreien
Bauchweh, Zahnweh	Schreien
Müdigkeit	Schreien
Etwas ganz anderes	Schreien

Folgende Beschwerden können Sie (noch) fast sicher ausschließen:

> Liebeskummer, schlechtes Zeugnis, Ärger in der Schule, Wunsch nach mehr Taschengeld, Ärger, weil der Lieblingsfußballclub in die Regionalliga abgestiegen ist, Figurprobleme, Niederlage beim Mensch-ärgere-dich-nicht.

DIESER MANN MACHT ES RICHTIG!

Er weiß genau, warum das Baby schreit:

Es kann sich nur um Hunger, Müdigkeit, (Bauch-)Schmerzen oder um etwas ganz anderes handeln!

Was Sie sonst noch an Grundsätzlichem über Babys wissen müssen, finden Sie auf den nächsten Seiten.

Wichtig:

Weil sie bei der Fortbildung von Männern und Managern eine hohe Erfolgsquote aufweisen, setzt dieser Ratgeber im Punkt „Alles, was Sie über Windeln wissen müssen" übrigens auf das **Easy-Learning-Verfahren** und die Vermittlungsform „Flipchart".

FLIPCHARTKURS WINDELN

BASICS

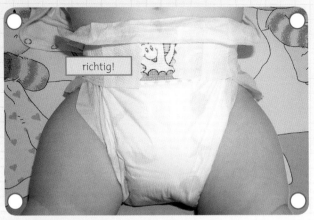

20 sheets
Blatt
hojas

WANN WECHSELN?

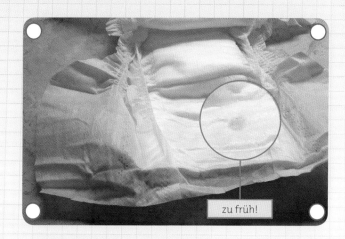

zu früh!

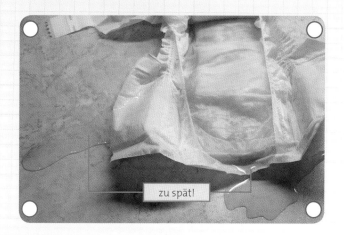

zu spät!

WOHIN DAMIT?

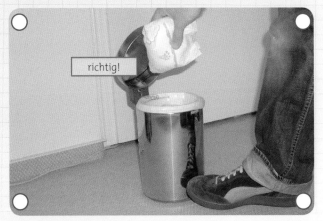

LERNE DIE WINDEL BESSER VERSTEHEN.

falsch!

richtig!

20 sheets Blatt hojas

Pädagogisch wertvolles Windeltheater mit Pupsi und Strulli, den beiden vollen Windelpuppen.

ANDERE ANWENDUNGEN 1

Prima Handytasche für bis zu zwei Mobiltelefone

Kecke Krawatte

20 sheets Blatt hojas

ANDERE ANWENDUNGEN 2

Schienbeinschoner soft

Windelboule

20 sheets
Blatt
hojas

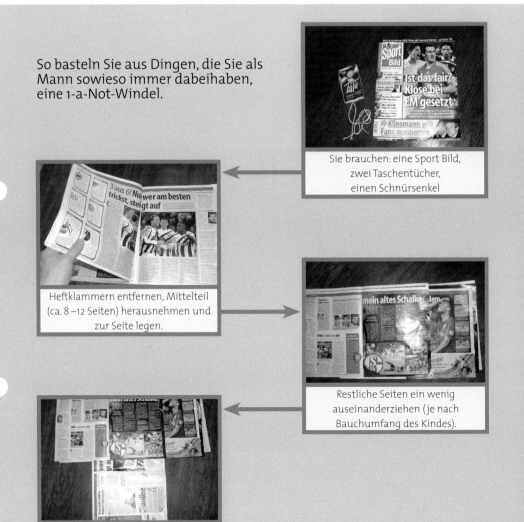

So basteln Sie aus Dingen, die Sie als Mann sowieso immer dabeihaben, eine 1-a-Not-Windel.

Sie brauchen: eine Sport Bild, zwei Taschentücher, einen Schnürsenkel

Heftklammern entfernen, Mittelteil (ca. 8–12 Seiten) herausnehmen und zur Seite legen.

Restliche Seiten ein wenig auseinanderziehen (je nach Bauchumfang des Kindes).

Mittelteil von unten in die gefächerten Seiten hineinschieben.

SURVIVAL-TIPP: NOTWINDEL

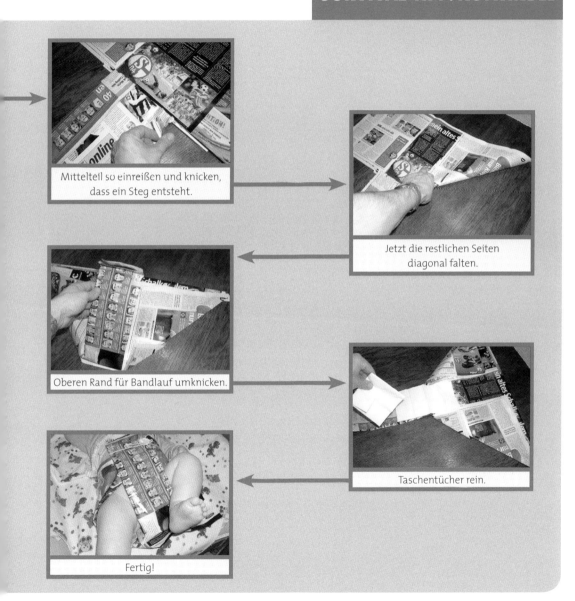

Mittelteil so einreißen und knicken, dass ein Steg entsteht.

Jetzt die restlichen Seiten diagonal falten.

Oberen Rand für Bandlauf umknicken.

Taschentücher rein.

Fertig!

BASISWISSEN

STILLEN, FLÄSCHCHEN, BÄUERCHEN, STILLNEID

Wenn's beim ersten Stillen nicht so recht klappt:
gute Ratschläge, schlechte Ratschläge

So stehen Sie Ihrer Frau beim ersten Stillen im Krankenhaus zur Seite:

Ja, das muntert auf	*Geh doch ins Stillzimmer, die Frauen da können das alle viel besser als Du, da kannst Dir was abgucken.*
Hört jede Frau gern	*Vielleicht sind ja Deine Brüste zu klein.*
Nur weiter so	*Du schaffst es nicht! Meine Mutter hatte Recht.*
Das hilft bestimmt	*Du verziehst das Gesicht? Tut es weh? Nein, das soll es nicht, hat die süße kleine Stillberaterin von der La Leche Liga gesagt. Nimm das Kind sofort wieder von der Brust!*
Auch gut	*Verdammt noch mal, das kann doch nicht so schwer sein, entspann Dich doch! Schwester! Bitte kommen! Meine Frau entspannt sich einfach nicht!*
Bloß nicht – nimmt ihrer Frau zu viel Druck. Passt nicht ins Leistungsdenken unserer Zeit.	*Vergiss einfach, was die blöden Schwestern sagen. Mach das ganz in Ruhe, ich hol Dir ein Glas Wasser und sorg dafür, dass Dich solange keiner stört.*

FLÄSCHCHEN GEBEN!

MIT DEM MUMI-DEFENCE-SHIELD

GEHT'S VIEL EINFACHER.

Fläschchen geben an sich ist einfach und bietet für Männer die Möglichkeit, auch etwas zur Brutpflege beizutragen.

Nun mag es Ihnen als Mann egal sein, ob sich im Fläschchen echte (abgepumpte) Muttermilch (MuMi) oder Pulvermilch befindet. Aber anderen Müttern ist es das noch lange nicht. Deshalb werden Sie als Mann, wenn Sie im Park oder auf dem Spielplatz Ihrem Säugling ein Fläschchen geben, von anderen Müttern **ganz** kritisch beäugt:

> *„Toll, ein Vater in Elternzeit, aber bestimmt wollte seine karrieregeile Frau wieder zurück in den Job. Wahrscheinlich pumpt sie nicht mal ab, sondern lässt ihn Milchpulver zusammenrühren. Das arme Kind. Rabeneltern!"*

Immer mehr Männer benutzen deshalb das sogenannte MuMi-Defence-Shield, und wenn eine Frau vorbeigeht, lassen sie es sofort gut lesbar mit der freien Hand nach oben schnellen.

Sie werden sehen: Ab jetzt geht das Fläschchengeben viel stressfreier, und fremde Frauen werden Sie anerkennend anlachen.

Basteln Sie mit. Auf der nächsten Seite finden Sie die Kopiervorlage für Ihr persönliches **MuMi-Defence-Shield.**

KEINE PANIK!

ES IST

ECHTE MUMI!

KEINE PANIK!

Es ist

ECHTE MUMI!

EINFACH SCHILD KOPIEREN (EVTL. VERGRÖSSERN), AUF PAPPE KLEBEN, STIEL DRAN UND WIE FOLGT EINSETZEN:

FLÄSCHCHEN GEBEN WIE SONST AUCH, ABER IMMER VORBEREITET:

Schild griffbereit neben sich legen!

ACHTUNG!

FREMDE KONTROLLMUTTI KOMMT VORBEI.

Schild hochreißen! Alles wird gut.

STILLNEID-MFAQS

Stillneid gibt es tatsächlich.

Männer fühlen sich in ihrer Omnipotenz gekränkt, weil die Frau dem Kind etwas bieten kann, was sie nicht können.

Eine andere Form des Stillneids ist der Neid auf das Kind, das jetzt an Mamas Brust die Nummer eins ist und Papa erfolgreich verdrängt hat.

Viele Väter sind deshalb verunsichert. Damit Sie besser einschätzen können, ob Sie an Stillneid leiden, hier die am häufigsten gestellten Fragen – mit fachkundigen Antworten von Dr. med. psych. Erich Berger (RTL).

Ist es schon Stillneid, wenn ich heimlich ihre Brusthütchen anprobiere?
Nein, das gehört zur natürlichen Entwicklung eines Vaters.

Und wenn ich mit ihrer Milchpumpe rumspiele?
Nein, kein Stillneid, gehört auch zur natürlichen Entwicklung eines Vaters.

Und ähhh ...
Ja, auch wenn Sie das Ganze vor dem Spiegel tun.

Ääääh ...
Egal, wo Sie die Pumpe anschließen. Kein Stillneid!

Ist es schon Stillneid, wenn ich mich unter dem Namen „Tanjamaus" in Stillforen einlogge und anderen Frauen Ratschläge zum Stillen gebe?
Nein, das ist völlig normal, die meisten Teilnehmer dieser Chats sind in Wahrheit Männer.

Leide ich an Stillneid, weil ich abends meinen Bacardi Cola wie mein Kind aus einem Fläschchen (mit M-Sauger) trinke?

Nein, auf diese Weise kitzelt es so schön am Gaumen.

Und wenn ich andere junge Väter dazu einlade und wir das alle tun?

Solange Sie sich nicht einen Sauger teilen, ist es unbedenklich. Kein Stillneid!

Ist es schon Stillneid, wenn ich mir einen praktischen Still-BH kaufe und bei meinen Fußballkumpels über meine schweren Brüste klage?

Nein, es gibt viele Männer mit Schwabbelbrust. In Teilen Asiens ist das bei der Frauenwelt sogar sehr beliebt. Dort tritt dann andersherum Brustneid auf.

Habe ich Stillneid, wenn ich Müttern immer auf ihre enorme Oberweite starre und mich das ganz wuschig macht?

Ja, sieht ganz nach Stillneid aus. Sie sollten damit einmal zu einem Therapeuten gehen.

FÜTTERN UND SPASS DABEI

Für mehr Spaß im Glas: Breichen-Bingo

So einfach geht's

LÄTZCHEN MIT SPIELFELDERN VON 1 BIS 10 VERSEHEN

1	2	3
4	5	6

7	8	9	10

EINSÄTZE (10 CENT BIS 1 EURO) AUF DIE FELDER VERTEILEN

FÜTTERN UND GEWINNEN!

BINGOKARTE KOPIEREN/ AUSSCHNEIDEN

SURVIVAL TIPP: FÜTTERN

⇒ DAS PROBLEM:

Nach Löffel greifendes, prustendes
Kleinkind bleibt unter Lätzchen sauber,
aber Papas teurer Anzug ist nach dem
Füttern total eingesaut.

⇒ DIE LÖSUNG:

Altes Betttuch, Klettverschluss dran, fertig:
der 2 x 2-m-Latz für Papa!

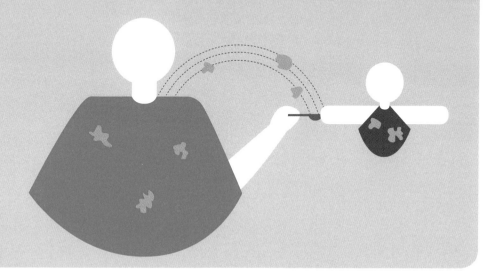

ZUSAMMENFASSUNG:

ERNÄHRUNGSREGELN FÜR KLEINKINDER

Wir Erwachsenen merken uns die wichtigsten Ernährungsregeln durch Eselsbrücken. Reime wie „Bier auf Wein, das lass sein" und „Wein auf Bier, das rat ich dir" helfen uns auf anschauliche Weise, uns sinnvoll zu ernähren.

Das geht auch bei der Kost für Kleinkinder:

- Zwischen Leber und Knilch passt immer 'ne Milch

- Milch auf Brei gibt Sauerei!

- Nach dem Breichen bloß kein Eichen!

- Nicht lang schnacken, Beikost hilft beim ... Stuhlgang

BÄUERCHENREGEL No. 1: Ist die Kotze gesund, freut sich der Mensch!

CRASHKURS:

BABYS SICHER HALTEN

FALSCH

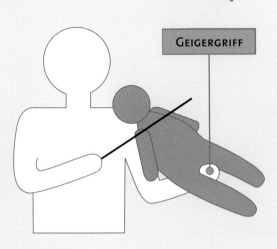

GEIGERGRIFF

RICHTIG

WIEGEGRIFF

FALSCH

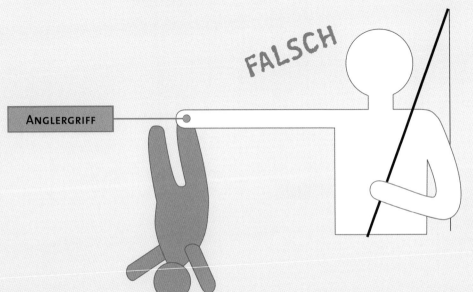

ANGLERGRIFF

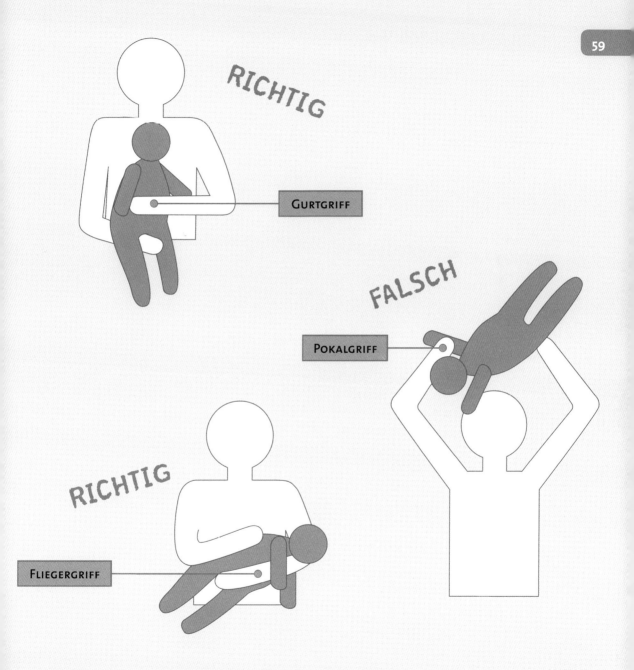

RICHTIG

GURTGRIFF

FALSCH

POKALGRIFF

RICHTIG

FLIEGERGRIFF

KAPITEL 4

EQUIPMENT

Baby-Equipment ist teilweise unverzichtbar (s. nächste Seite). Und wer sich Kinderwagen, Trageschale und Co. nicht von den Großeltern schenken lassen kann, von Bekannten mit großen Kindern „erbt" oder im Internet ersteigern will, muss das Zeugs persönlich im spezialisierten Fachhandel erstehen. Dabei darf man sich dann vom „Fachpersonal" beraten lassen – in der Regel gepiercte, bauchfrei tragende Teenager, die noch nie im Leben ein Kind auf dem Arm hatten.

Deshalb sollten bei Ihnen die **ALARMGLOCKEN** klingeln, wenn Sie eine Verkäuferin diese Sätze sagen hören:

- „Die Anschnallgurte auf der Rückbank Ihres Auto sind garantiert lang genug für das Befestigen der Tragschale."

- „Die Sauger passen auf alle Fläschchen, egal von welcher Marke."

- „Der Bezug des Kindersitzes ist problemlos waschbar, franst nicht aus und behält wunderbar die Form."

- „Die Matratzen sind genormt, die passen in jeden Kinderwagen."

- „Männer mit buntem Tragetuch sehen total sexy aus."

CHECKLISTE:

Grundausstattung: Was brauche ich als Mann wirklich?

Babytragehilfe, Maxi-Cosi etc.: Wenn's unbedingt sein muss; eignet sich zumindest als Trainingsgerät (s. S.64).

Kinderwagen: Ist was für Frauen. **Echte Männer tragen.** Wenn's sein muss, dann pimpen: Chromfelgen, Rückspiegel, Griffbänder aus Nappaleder (s. S. 70)

Wickeltasche: Nicht unbedingt (s. Windel aus Sport Bild, S. 46).

Wickeltisch: Kann, muss nicht.

Wärmelampe über Wickeltisch: Wozu? Wackelt sowieso immer, egal wie man sie anbringt.

Kindersitz fürs Auto: Na gut, aber nur, wenn die Farbe zu den Autositzen passt!

Carrera-Bahn: Ja! Unbedingt gleich nach Geburt kaufen!

Spiegelreflexkamera: Ja! Auf jeden Fall, für Kinderfotos sollte der Preis keine Rolle spielen.

Fernlenk-Auto: Ja! Absolutes Muss.

Baumhaus: Ja! Schon während der Schwangerschaft Holz kaufen gehen.

Fußballtor für Garten/Tischkicker für drinnen: Jo! Unbedingt jetzt schon Sportrasen säen und gut düngen!

WORKOUT:

BABYTRAGEHILFEN

Früher dachte Man(n):
„Jetzt, wo das Baby da ist, habe ich keine Zeit mehr, etwas für meinen Körper zu tun."

DAS IST FALSCH.

Seit immer mehr Männer immer mehr Zeit mit ihren (Klein-)Kindern verbringen, wählen viele von ihnen Babytragehilfen als Workout-Gerät.

Denn gerade Maxi-Cosi und Co. sind ideale Trainingsgeräte und stehen gängigen Gewichtmaschinen in Fitnessstudios in nahezu nichts nach.

Die nebenstehenden Übungen werden Ihnen helfen, wenn Sie zum Beispiel etwas für Ihren kaputten Rücken tun wollen.

Achtung! Nicht zum Bowlen verwenden!

TRAININGSÜBUNGEN MIT MAXI-COSI SIND SO GESUND!

DER ISCHIAS-CRASHER:

Den Ischias-Crasher trainieren Sie beim Befestigen der Tragschale mit Kind auf dem Autorücksitz. Machen Sie die Übung am besten unter Zeitdruck und schieben Sie den Vordersitz so weit zurück, dass kaum Platz auf der Rückbank bleibt.

Jetzt die Schale einhändig heben, Handwechsel, leichte Drehung und Reinquetschen der Schale auf den Rücksitz. Dann unter Winden und Fluchen das Ganze mit dem zu kurzen Anschnallgurt befestigen.

Der Crasher ist am effektivsten, wenn es im unteren Rücken leicht „knack" macht.

Tipp: Am besten vorher schon Termin beim Chiropraktiker machen.

DER DOPPELTE FLIP:

Den Flip (oft auch Flip Out genannt) trainieren Sie am besten beim Befestigen der Tragschale im dazu „passenden" Kinderwagengestell.

Nach 5 Minuten Probieren und wieder Probieren mit schreiendem Säugling spüren Sie, wie sich langsam der Druck auf Ihren Stimmbändern erhöht, bis er sich durch lautes, verzweifeltes Schreien spontan entlädt.

Trainieren Sie zusätzlich Ihre Beinmuskulatur, indem Sie mit aller Kraft das mistige Fahrgestell zu Klump treten, um dann entnervt nach Hause zu fahren.

DIE ABC-SALBEN-BEUGE ...

... geht so: Baby zum Auto und gleichzeitig Müll rausbringen. Dabei zusätzlich versuchen, auch noch den Briefkasten zu öffnen: Babyschale in Armbeuge, Müll in Hand, mit links Briefkasten öffnen.

Kurz vor dem Mülleimer entgleitet Ihnen dann sowohl der Müllbeutel als auch die Post samt Briefkastenschlüssel.

Bei der anschließenden Beuge mit Babyschale im Arm trainieren Sie sowohl eine veritable Sehnenscheidenentzündung als auch einen kapitalen Bandscheibenvorfall. Gut für den Geldbeutel Ihres Osteopathen.

SICHERHEIT ZUERST

VORSPIEGEL STATT RÜCKSPIEGEL

Eines der Hauptvorurteile von Frauen über Männer ist:
„Männer sind nicht multitaskingfähig."
Soll heißen: Frauen können viele Dinge nebeneinander und gleichzeitig erledigen, während Männer sich stets nur auf eine einzige Sache zu konzentrieren in der Lage sind.

DAS IST FALSCH!

Eine einfache Fahrt zum Kindergarten/zur Tagesmutter mit Kindern auf dem Rücksitz beweist das Gegenteil:

- Wie alle verantwortungsbewussten Elternteile sind auch Männer dabei bis zu 80 Prozent der Fahrt den Kindern zugewandt.

- Sie geben ihren Kindern während der Fahrt zu essen und zu trinken und suchen nach im Rückraum verloren gegangenen Schnullern.

- Trotzdem finden Männer dabei noch die Zeit, wichtige geschäftliche Telefongespräche zu führen, im Radio die Börsenkurse zu verfolgen und die auf dem Beifahrersitz liegende Tageszeitung zu studieren.

FÜR MÄNNER IST DAS EIN KLACKS.

MULTITASKING-PAPA IN AKTION:
Während 80 Prozent der Fahrt sind verantwortungsbewusste Väter ihren Kindern zugewandt!

Crash-Test-Dummy

MEHR SICHERHEIT FÜR VÄTER: DER „VOR"-SPIEGEL

Statt eines Rückspiegels nutzen daher immer mehr Männer einen an der Rückbank befestigten „Vor"-Spiegel. Jetzt ist es noch einfacher, das Fahrzeug sicher in der Spur zu halten.

Extra-Tipp:
Man kann die Tageszeitung nun auch auf den Rücksitz legen und muss gar nicht mehr nach vorne sehen!

„Früher hatte ich oft ein mulmiges Gefühl, wenn ich mich während der Fahrt mit den Kids hinten drin beschäftigt habe. Aber seit ich den ‚Vor'-Spiegel benutze, kachel ich wieder ganz entspannt mit 60 durch die 30er- Zonen."
GERNOT (37), 4 KINDER

Kinderbücher und CDs,
die wir Eltern gerne hätten

Kinder lieben Kinderbücher und Kassetten/CDs. Dort gehen ihre Helden (niedliche Bärchen, Kinder mit angesagten Vornamen etc.) dann auf Reisen, zum Ballett oder zum Reiten – mit der Folge, dass unsere Kinder das natürlich auch alles machen wollen. Und wer kauft dann das Pferd? Und wie geht man mit den Steppkes täglich bergsteigen, wenn man an der Ostsee wohnt?

Viele Eltern wünschen sich deshalb schon seit langem Kinderbücher- und CD-Titel, die sie in ihren Erziehungsbemühungen wirklich weiterbringen:

Kinderbuchtitel, die sich Eltern wünschen:

- *Der kleine Eisbär geht freiwillig in die Badewanne*

- *Wie Pettersson Findus mal ohne Stress die Fingernägel schnitt*

- *Die Teletubbies reden nicht immer dazwischen*

- *Emily Erdbeer nimmt anderen Kindern nichts mehr weg*

- *Jim Knopf schneidet Papas Reiseführer nicht kaputt*

- *Harry Potter und das selbst gemachte Bett*

KINDERKASSETTENTITEL, DIE ELTERN GERNE HÄTTEN:

- *Benjamin Blümchen geht abends schlafen ohne Streit*

- *SpongeBob in: Popeln ist doof*

- *Bibi Blocksberg isst auch mal, was auf den Tisch kommt*

- *Bob der Baumeister hilft heute beim Tischdecken*

- *Das Sandmännchen will an der Kasse nicht immer noch ein Eis haben*

Jawoll.
Das wäre ein Buchtitel ganz nach dem Geschmack der Eltern!

Pimp my Pram:

So macht der Kinderwagen Spass

Kinderwagen müssen nicht zwangsläufig aussehen wie der letzte Dreck!

Das Team der amerikanischen TV-Erfolgsserie „Pimp my Pram" stellt seit Jahren erfolgreich Custom-Versionen von alltäglichen (und langweiligen) Kinderwagen her.

Wie einfach Sie Ihre Scheese zum aufregenden Kinderwagen-Chopper umbauen können, sehen Sie rechts.

PIMP MY PRAM

Mit diesen Tuningtipps macht der Kinderwagen richtig Spaß:

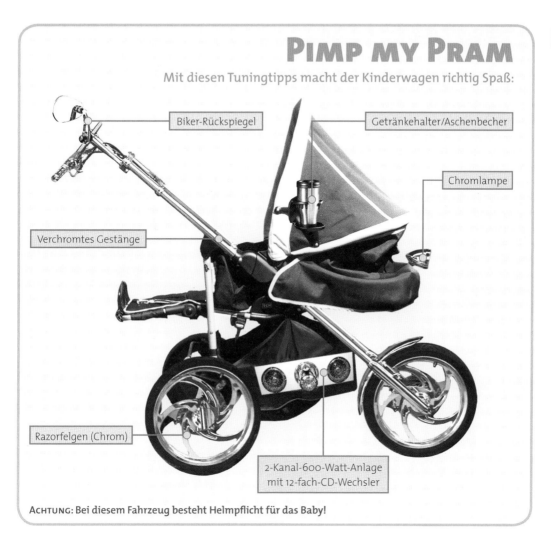

Biker-Rückspiegel

Getränkehalter/Aschenbecher

Chromlampe

Verchromtes Gestänge

Razorfelgen (Chrom)

2-Kanal-600-Watt-Anlage
mit 12-fach-CD-Wechsler

ACHTUNG: Bei diesem Fahrzeug besteht Helmpflicht für das Baby!

Extra Spaß-Tipp: Zeigen Sie fahrerisches Können. Nehmen Sie Kind und Wagen mit auf Flohmärkte, Wochenmärkte und überhaupt in jegliches Gedrängel. Und dann zeigen Sie den ganzen Weibern mal, wie ein Mann sich trotz Volltempo ohne Feindberührung seinen Weg durch die Menge bahnt!

SPUCKTÜCHER

DIE UNCOOLSTEN ACCESSOIRES DER WELT?

SO WERDEN SIE ZUM MODISCHEN GO!

Viele Väter tun es, weil sie ihre Kleidung sauber von Bäuerchenresten halten wollen:
Sie laufen fast den gesamten Tag mit einem nach Muttermilch riechenden Spucktuch über
der Schulter durch die Gegend.

ABSOLUTES NO-GO.

Machen Sie es wie diese Väter hier. Nähen Sie das Logo einer teuren Modemarke auf
das Tuch – und schon wird Ihr Spucktuch zum Trendsetter unter Fashion-Vätern:

Das Marken-Spucktuch

Sie können das Spucktuch nun auch auf Szenepartys als modischen Schal tragen und werden von allen Frauen dafür als „TOLLER MANN, DER TROTZ VATERROLLE NOCH AUF SEIN ÄUSSERES ACHTET" gefeiert.

Und auch wer ganz auf Spucktücher verzichtet, kann selbst völlig zugereihert auf Partys punkten.

Achten Sie nur darauf, dass Ihr Kind sein Bäuerchen auf möglichst neue, edle Shirts macht.
Dann erzählen Sie allen selbstbewusst, dass Sie sie schon haben:

DIE NEUEN D&G „PRESPIT-BÄUERCHEN-TEES IN DEZENTER MUTTERMILCH-OPTIK"

KAPITEL 5

ALLEIN UNTER FRAUEN

Ob Wochenendpapi, Vati in Elternzeit oder Fulltime-Daddy – sie alle werden irgendwann in die Situation kommen, der einzige Mann/Vater unter mehreren Frauen/Müttern zu sein.

Zuerst geht man dort sehr vorsichtig mit Ihnen um. Die Frauen nehmen Sie vor allem als Mann wahr und deshalb als Fremdkörper, sind aber freundlich zu Ihnen („Embedded-Father-Phänomen").

DIE WANDLUNG VOM MANN ZUR FRAU

Doch schon nach einigen Malen ändert sich das Verhalten der Frauen.
Irgendwann nehmen sie Sie als eine von ihnen wahr: als Mutter.

Fachleute sprechen hier vom „Sönke-Wortmann-Effekt". Der hatte sich als Regisseur des Fußball-Erfolgsfilms „Deutschland, ein Sommermärchen" mit seiner Kamera unter die Fußballnationalspieler gemischt. Und bald hatten diese sich so an ihn gewöhnt, dass sie ihn nicht mehr bemerkten und selbst intimste Dinge vor der Kamera preisgaben.

Wenn Sie als Vater längere Zeit zu Gast in einer sonst nur von Müttern frequentierten Krabbelgruppe sind, geht es Ihnen genauso. Durch den „Sönke-Wortmann-Effekt" sind Sie für die Frauen nun eine von ihnen, eine weitere Mutter.

Sie verlieren als Mann sozusagen Ihre Sexualität.

Dafür dürfen Sie nun an Gesprächen über Urlaubsreisen, Tupperware und Sonderangebote bei Discountern teilnehmen.

Der „Sönke-Wortmann-Effekt", als einziger Mann unter Frauen, hat also Vor- und Nachteile:

Das Gute am „Sönke-Wortmann-Effekt"	Das Schlechte am „Sönke-Wortmann-Effekt"
Sie sind in der Gruppe voll akzeptiert und können über alles reden.	Aber keine hört lange zu, wenn Sie über Fußball philosophieren.
Sie könnten, wenn Sie wollten, den Frauen ungeniert überallhin starren. Das würde denen gar nicht auffallen.	Was hätten Sie davon? Sie werden ja doch nicht für voll genommen.
Mit etwas Glück erfahren Sie intimste Geheimnisse über Frauen.	Das ist oft sehr desillusionierend.

Wie weiter?

Weil Frauen Sie nun wie eine andere Mutter behandeln, ist es für Sie unabdingbar, die Sprache der Frauen/Mütter in Krabbelgruppen zu verstehen. Die folgenden Seiten werden Ihnen dabei helfen.

SPRACHKURS KRABBELGRUPPE

LEKTION 1

Das Wichtigste, was Männer in (Mütter-)Krabbelgruppen lernen müssen:

WAS MÜTTER SAGEN, IST NICHT, WAS MÜTTER MEINEN!

„Ich war beim Krabbelgruppentreff bei Ann-Kathrin. Wie immer war ich der einzige Vater. Alle saßen wir mit Prosecco auf Ann-Kathrins großer Couch. Auch Jutta, die Mutter von Joshua, der sechs Monate alt ist. Zu ihren Füßen spielte der sieben Monate alte Moritz, Ann-Kathrins Sohn, mit einem nagelneuen Drehkreisel.

Jutta hat dann lange gewartet, bis eine Gesprächspause entstand, und dann leise, aber dennoch gut hörbar gesagt:

> ‚Ach witzig, genau den Drehkreisel gibt's ab Montag bei Penny für 14,95!'

Ich hab gedacht, die hat die jetzt für den Kreisel gelobt. Aber Angelika hat mir nachher erklärt, dass Jutta eigentlich gemeint hat:

> ‚Und Du Niete hast dafür 20 Euro im Spielzeugladen ausgegeben. Wohl zu viel Knete, was?'

Da soll einer drauf kommen!"

MICHAEL (33), EINE TOCHTER

Sprachkurs Krabbelgruppe

Lektion 2

Wiederholen wir noch einmal den wichtigen Merksatz aus Lektion 1:

„Was Mütter sagen, ist nicht, was Mütter meinen!"

Das gilt natürlich auch andersherum – also wenn Sie etwas zu diesen Müttern sagen.

Was immer Sie zu anderen Müttern sagen: Die werden etwas anderes heraushören!

Deshalb: Vorsicht vor diesen feststehenden Phrasen!

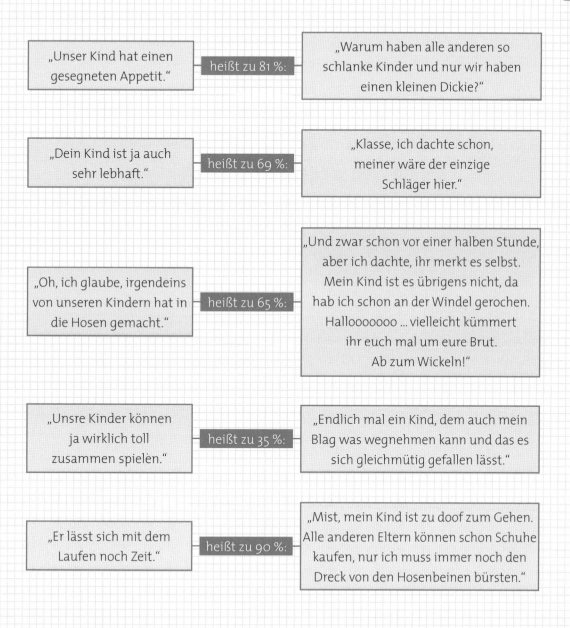

„Unser Kind hat einen gesegneten Appetit." heißt zu 81 %: „Warum haben alle anderen so schlanke Kinder und nur wir haben einen kleinen Dickie?"

„Dein Kind ist ja auch sehr lebhaft." heißt zu 69 %: „Klasse, ich dachte schon, meiner wäre der einzige Schläger hier."

„Oh, ich glaube, irgendeins von unseren Kindern hat in die Hosen gemacht." heißt zu 65 %: „Und zwar schon vor einer halben Stunde, aber ich dachte, ihr merkt es selbst. Mein Kind ist es übrigens nicht, da hab ich schon an der Windel gerochen. Hallooooooo ... vielleicht kümmert ihr euch mal um eure Brut. Ab zum Wickeln!"

„Unsre Kinder können ja wirklich toll zusammen spielen." heißt zu 35 %: „Endlich mal ein Kind, dem auch mein Blag was wegnehmen kann und das es sich gleichmütig gefallen lässt."

„Er lässt sich mit dem Laufen noch Zeit." heißt zu 90 %: „Mist, mein Kind ist zu doof zum Gehen. Alle anderen Eltern können schon Schuhe kaufen, nur ich muss immer noch den Dreck von den Hosenbeinen bürsten."

SPRACHKURS KRABBELGRUPPE

LEKTION 3: REDEN STATT HANDELN SPART ZEIT UND ENERGIE

Erfahrene Eltern wissen: Man muss sich seine Kräfte einteilen, sonst ist man abends nicht mehr in der Lage, den langen Kampf beim Ins-Bett-Gehen zu bestehen.

Deshalb nehmen sie sich tagsüber auch gerne die ein oder andere Auszeit. Ideal dafür sind Krabbelgruppe, Kleinkinderturnen und (bei älteren Kindern) Spielplatz.

Dort angekommen, muss Ihr Motto lauten:

„Das Kind soll jetzt mal alleine klarkommen, ich mach jetzt ein kleines Schwätzchen mit den anderen Müttern. Ist noch Milchkaffee da oder Prosecco?"

Unterbrochen werden diese unbeschwerten Momente der Elternzeit dann sowieso, weil Ihr Sonnenscheinchen mal wieder andere Kinder vom Trampolin schubst oder ihnen die Schaufel wegnimmt.

Was tun?

FALSCH

Unerfahrene Eltern reagieren hier in der Regel völlig überzogen und greifen in die Situation ein.

Erziehungsprofis hingegen nutzen hier die Technik „Reden statt Handeln".

Bloß nicht aufstehen!

Rufen Sie Ihrem Kind einfach aus der Ferne zu

„Finn-Jerome, nein! Gib die Schaufel zurück!"

RICHTIG

Und das war's dann auch schon. Denn wichtig in dieser Situation ist nicht, dass Finn-Jerome die Schaufel zurückgibt und brauchbares Sozialverhalten lernt, sondern dass die anderen Eltern die Message mitbekommen:

„Ihr habt es alle gehört. Ich habe alles getan, was in meiner Macht steht, und mein Kind er-mahnt. Ich bin ein verantwortungsbewusster Elternteil."

Fertig.

Wenn Sie anfangs noch unsicher sind, sollten Sie sich immer vergegenwärtigen:

Was zählt schon eine stibitzte Schaufel etc. gegen ein gemütliches Gläschen Prosecco? Und wenn einer heult, kann man ja immer noch hingehen.

Oder rufen:

„Kinder, ich hab's doch schon gesagt, nicht streiten."

„Beim Reden statt Handeln kommt es nur darauf an, dass Sie selbst Ihr Gewissen beruhigen und dass die anderen Eltern Ihnen nicht den Vorwurf machen können, Sie hätten nicht reagiert."

KLAUS (39), 2 SOZIAL AUFFÄLLIGE TÖCHTER

Viele Männer kennen das Gefühl, in bestimmten Situationen von Frauen nicht ganz ernstgenommen zu werden:

BEISPIEL: Man steht an der Schlachertheke, will von seinem Einkaufszettel ablesen, da reißt einem die Metzgerin das Ding aus der Hand und sagt: „Lassen Sie mal sehen, was Ihre Frau Ihnen da aufgeschrieben hat!"

Egal wie groß der „Sönke-Wortmann-Effekt" (s. o.) also ist – als Mann in einem typischen Frauenmetier stellen Sie doch immer noch eine gewisse Bedrohung dar: Es kommt zu Revierverhalten.

Was will der Mann in meinem Revier? Wollen die Männer das jetzt auch noch erobern? Meint der, er kann es besser als wir Frauen?

Das führt entweder zu
A) Mitleid oder
B) offenem Kampfverhalten

A) Fremde Mütter ziehen Ihrem Kind demonstrativ kopfschüttelnd die Socken über die Hose (die dann nach 3 Minuten sowieso wieder rausrutscht, ist halt zu kurz, morgen ziehn wir 'ne andere an).

B) Fremde Mütter greifen Ihnen beim Windelwickeln von der Seite rein und sagen: „Wie wickelst Du denn, das sieht doch schief aus! Lass mich mal!" (Als ob bei ihr jede Windel perfekt wäre.)

SURVIVAL-TIPP: DER ÜberMutter-Abwehrgriff

Wenn wieder einmal eine Mutter übermütig wird und Ihnen von der Seite reinfummelt, wenden Sie den ÜberMutter-Abwehrgriff an:

So einfach wird's gemacht:

Blocken

Hebeln

Heucheln

Sie werden sehen: Ein paarmal angewandt, und man wird Ihnen als Vater ganz anders begegnen.

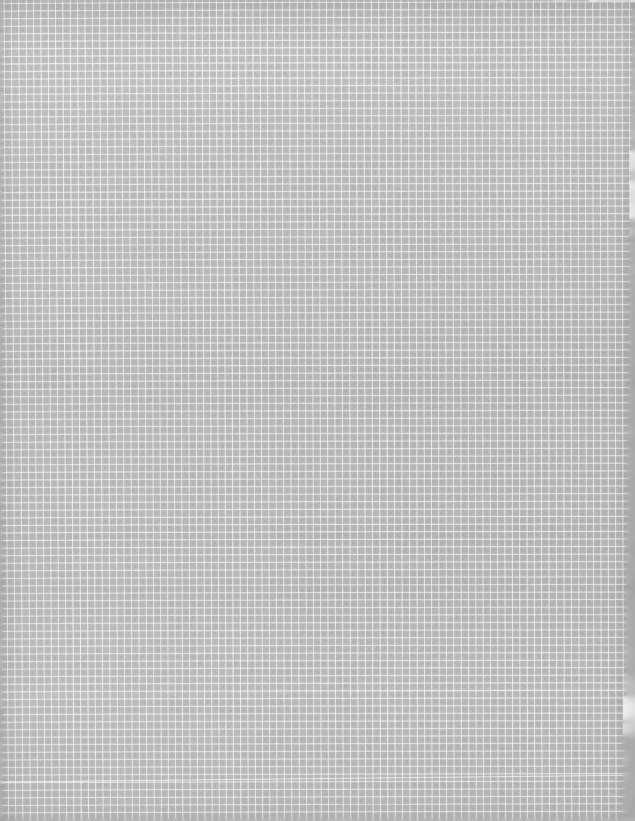

Kapitel 6

Allein gegen Alle

In diesem Kapitel lernen Sie, wie Sie sich zur Wehr setzen, wenn einmal alle Augen auf Sie gerichtet sind, weil Ihr Kind sich gerade prächtig danebenbenimmt.

Das Erste, was Sie dafür benötigen, ist ein herzentspanntes Scheißegal-Feeling. Der folgende Merksatz kann Ihnen dabei helfen und befreit Sie von einem eventuellen Leistungsdruck:

SIE SIND EIN MANN!

Niemand erwartet ernsthaft von Ihnen, dass Sie mit Ihren Kindern klarkommen!

Nutzen Sie das aus!

Wenn es trotzdem mal eng wird, finden Sie auf den folgenden Seiten die erfolgreichen „Schluss-mit-peinlich"-Techniken.

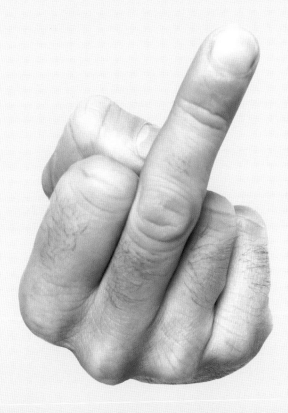

DAS GROSSE SMP-(„SCHLUSS-MIT-PEINLICH"-)CAMP

EIN BEISPIEL: Sie stehen mit Ihrem Kind an der Supermarktkasse. Ihr Kind fischt sich einen Lolli aus einem Glas. Sie sagen „Nein", aber Ihr Kind will unbedingt diesen blöden Lolli und schreit nun den ganzen Laden zusammen, wälzt sich vor Wut auf dem Boden und und und ...

FALSCH

Sie denken: Wie peinlich! Sie werden nervös, wollen nicht inkonsequent wirken, schreien, zerren das Kind vom Süßigkeitenregal weg und lassen vor lauter Aufregung Ihr Wechselgeld liegen.

RICHTIG

Sie denken: Ich bin ein Mann! Niemand erwartet von mir eine pädagogisch brauchbare Lösung für diese Situation!

Nutzen Sie diesen Freiraum. Kaufen Sie Ihrem Kind den Lolli und lächeln Sie dazu. Oder kaufen Sie gleich zwei Lollis oder das ganze Glas.

Schlimmstenfalls wird man denken, Sie seien geschieden und hätten pro Woche nur einen Tag, um sich bei Ihrem Kind einzuschmeicheln. So what?!

SMP

DAS „OFFENSIV-TACKLING"

wurde vor über 3000 Jahren von tibetischen Müttern entwickelt und gehört zu den „Flucht-nach-vorne"-Techniken.

Es hilft Ihnen, sich schnell und sicher aus jeder noch so peinlichen Situation zu winden.

Und so wird's gemacht: Ihre Tochter hat bei Bekannten in einem unbeachteten Moment den gesamten weißen Wollteppich mit Nutella vollgeschmiert.

FALSCH

Wer jetzt als Elternteil vor Scham im Boden versinkt, hat schon verloren und stottert nur noch irgendwas von Haftpflichtversicherung und dass es ihm schrecklich leid tue und und und ...

RICHTIG

„Ohh, Leute, sowas wie Nutella dürft ihr nie in ihrer Reichweite stehen lassen. Da seht ihr, was dann passiert."

Situation gerettet.

Natürlich werden Sie bei den Bekannten nie wieder eingeladen, aber das wäre sowieso der Fall gewesen.

Also lieber mit erhobenem Haupt als mit rotem Kopf nach Hause fahren.

WICHTIG 1:
Beim Offensiv-Tackling muss Ihr erster Gedanke in peinlichen Situationen immer sein: „Was könnten die anderen falsch gemacht haben?"

WICHTIG 2:
„Üben Sie das Offensiv-Tackling regelmäßig vor dem Spiegel. Ihr Vorwurf den anderen gegenüber muss so echt wirken, dass Sie sich selbst glauben würden."

René (24), ein schwer erziehbarer Sohn

SMP

DIE „UNSER KIND IST JA SOOO...“-GRÄTSCHE

Wenn Sie das Offensiv-Tackling (s. vorige Seite) beherrschen, können Sie sich jetzt an das Erlernen dieser wundervollen „Schluss-mit-peinlich“-Technik heranwagen.

Die Vorteile:
Niemand kann Ihnen dabei etwas Böses unterstellen.
Sie ist einfach zu erlernen und gibt Ihnen das Gefühl, auch im größten Chaos ein guter Mensch zu sein.

Und so geht's: Sie sind bei Ihren Nachbarn zu Besuch, und Ihr Kind hört einfach nicht auf, mit voller Wucht wieder und wieder seine Rassel gegen das Aquarium zu hauen.

Jetzt nicht nervös werden!

FALSCH

Bloß nicht Ihr Kind ermahnen („Bitte, Luis, lass das doch!“). Zerren Sie Ihr Kind auch nicht gewaltsam vom Aquarium weg.

Denn auch hier bewährt sich, was Mütter im Laufe von Jahrhunderten als „Schluss-mit-peinlich“-Technik entwickelt haben:
Mit nur einem Satz können Sie die Situation entschärfen:
„Ja, unser Luis ist ja sooo tierlieb!“

RICHTIG

Wer soll jetzt noch etwas sagen?

Wer will schon einem tierlieben Kind den Zutritt zu ersten Naturerfahrungen versperren? Bis die Gastgeber dann bei einem eventuellen „Ja, aber bitte nicht mit der Rassel ..." sind, zieht Ihr Kind schon längst den Hund brutal an den Ohren.

Und natürlich sagen Sie dann wieder: **„Unser Luis ist ja sooo tierlieb!"**

Zum Üben:

„Unser Mischa ist ja sooo musikalisch!"
(wenn Mischa gerade die Geige Ihrer Schwiegermutter zerlegt)

„Alles, was mit Garten zu tun hat, findet unsere Lea ja sooo toll!"
(wenn Lea gerade die Neusaat Ihres Geschäftspartners platttrampelt)

„Unser Joshua ist ja sooo technikinteressiert!"
(wenn Joshua bereits alle Knöpfe der Bang & Olufsen-Stereoanlage abgebaut hat und sich nun mit einem Stock an die Boxen heranmacht)

*„Vergessen Sie dabei nie das dazugehörige
unschuldige Lächeln!"*
HORST (25), 2 KINDER

SMP

DER „HOCHBEGABT"-BODYCHECK

Der „Hochbegabt"-Bodycheck ist Ihre Allzweck-SMP-Technik.

Sie dürfen sie nur im Notfall einsetzen, wenn:

- sonst gar nichts mehr geht

- Ihnen spontan nichts anderes einfällt

Und so geht's :

Geht doch.

Falls Sie Angst haben, diese Technik in Krabbelgruppe, beim Kinderturnen oder sonstwo zu oft einzusetzen, wählen Sie eine Variante dieser Technik, den sogenannten Esoterik-Body-check:

RICHTIG

„Mein Sohn schlägt die anderen Kinder nur, weil er ein Indigokind ist."

Dann kommt in der Regel die Nachfrage: „Was?"
Sie legen nach mit:
„Aber das weiß man doch: Indigokinder haben eine blauere Aura. Das Wassermannzeitalter hat begonnen, diese Kinder sind ganzheitlich und den anderen im außersensorischen Fühlen überlegen. Wenn sie schlagen, zeigt das nur, dass ihre Umwelt sie nicht begreift."

Treffer, versenkt.

Aber Achtung! Sie dürfen die Technik nicht überstrapazieren:

FALSCH

„Mein Kind schlägt die anderen Kinder nur, weil er ein Alien ist. Auf seinem Planeten macht man das so, wenn man sich mag!"

UMGANG MIT GROSSELTERN: BABYPOSTING

Im Umgang mit Großeltern hat sich das sogenannte „Babyposting"-Vorgehen bewährt. Wenn Oma und Opa babysitten sollen, arbeiten immer mehr junge Eltern mit „Post-its", die direkt am Kind angebracht sind.

So ersparen Sie sich ein späteres „Das haben wir ja nicht gewusst" der Großeltern oder ein „Wir haben das immer ganz anders gemacht" (worauf Sie dann sagen: „Deshalb muss ich jetzt ja auch immer zum Psychiater", und so weiter).

Nehmen Sie zum Babyposting beschreibbare Pflaster oder kleben Sie die „Post-its" mit leicht löslichem Leukoplast aufs Kind:

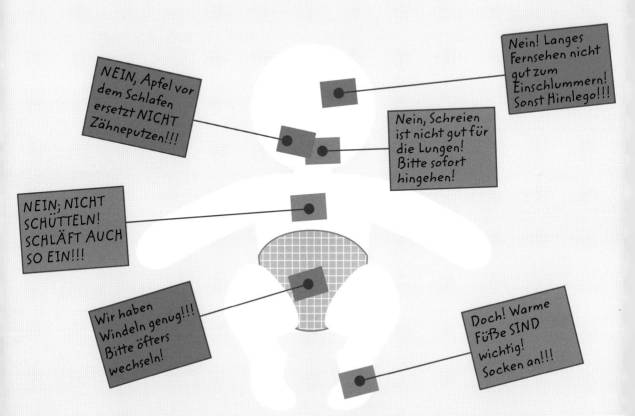

WENN IHRE FRAU UNZUFRIEDEN IST MIT IHRER LEISTUNG ALS VATER

Wenn Papa mal Mama ist, sind die Frauen zuerst begeistert. Aber irgendwann verfliegt dieser Startvorsprung, und die Leistung der Männer als Mama wird ganz, ganz kritisch beäugt:

CHECKLISTE:

Dinge, an denen Sie erkennen, dass Ihre Frau/Freundin unzufrieden ist mit Ihrer Leistung als Vater und Hausmann:

- Sie besorgt einen Babysitter, wenn sie ins Fitnessstudio geht. Dabei sind Sie doch den ganzen Abend zu Hause.

- Sie bekommen zum Geburtstag eine „Super-Nanny"-DVD-Box geschenkt.

- Sie bringt den Kindern bei, „Erzeuger" statt „Papa" zu sagen.

- Ihre Frau macht Haushaltsgeräte-Posting (s. „Baby-posting" nebenan), auf den gelben Memozettelchen steht z. B. „Das hier ist der Staubsauger".

- Wenn Sie anbieten, mit den Kindern einen Ausflug zu machen, lacht sie, sagt: „Haha, natürlich", und schickt dann ihre Mutter mit den Kindern auf Tour.

KAPITEL 7

VOM COOLEN TYPEN ZUR PAPA-GLUCKE

DIE WANDLUNG VON PAPA ZU MAPA
LÄUFT IN 5 ENTWICKLUNGSPHASEN AB

PHASE 1: WUNSCHDENKEN

Weil andere Väter es auch tun, weil es modern und ange-sagt ist, kommen auch Sie zu dem Schluss: Kinder großzu-ziehen ist auch Männersache.

Typischer Satz: *„Mensch, ich würd auch gern mal mehr Zeit mit meinen Kindern verbringen. Ich glaub, das ist irgendwo auch total wichtig für einen selbst."*

PHASE 2: NEGATION

Dann ist es wirklich so weit und Sie wissen, Sie werden die nächste Zeit (egal ob Stunden, Tage oder Monate) als Alleinverantwortlicher mit Ihrem Kind/Ihren Kindern verbringen. So richtig gedämmert, was das eigentlich bedeutet, hat es Ihnen aber noch nicht.

Typischer Satz: *„Super, dann kann ich ideal von zu Hause aus arbeiten/Playstation spielen. Die Kinder laufen so nebenher."*

PHASE 3: AUFBÄUMEN

Ihnen wird so langsam klar, was das bedeutet, dass jetzt das Wohl der Kinder ganz von Ihnen abhängt. Sie starten einen letzten, verzweifelten Versuch, sich diese Bürde doch noch vom Hals zu schaffen.

Typischer Satz: *„Äääh, Schatz, willst Du Dir den Stress mit Deinem alten Job wirklich antun? Ich würd mich auch opfern und doch wieder selbst zur Arbeit gehn. Versteh das nicht falsch, ich denk dabei nur an Dich!"*

PHASE 4: „DAMIT ABFINDEN" (EXISTENZIELLE MAPA-PHASE)

Jetzt stecken Sie mittendrin: schreiende Kinder, Berge von Wäsche, und Staubsaugerbeutel, die nicht zum Staubsauger passen.

Typischer Satz: *„Nee, ich kann heut nicht mit zum Fußball. Ich hab noch Wäsche in der Maschine, und meine Tochter is in 'ner schwierigen Phase."*

PHASE 5: SPASS

Sie haben sich mit Ihrer neuen Mapa-Rolle arrangiert. Und so langsam finden Sie die geheimen Hintertürchen erfahrener Hausfrauen.

Typischer Satz: *„Nee, ich kann nicht mit zum Fußball, ich muss noch zur Massage und zur Sonnenbank, bevor ich die Kinder von der Tagesmutter abhole, und um drei kommt ja schon die Putzfrau!"*

DIE -CHEN-SPRACHE: SO GEHT'S

Wichtig für junge Väter im Dialog mit ihren Kleinkindern (auch wenn diese selbst noch nicht sprechen) ist das Erlernen der sogenannten -chen-Sprache (Lingua diminutiva).

Chinesische Wissenschaftler vermuten, dass bereits unser Ururvorfahr (Homo erectus), der vor über 100.000 Jahren über ein Vokabular von nur 13 Wörtern verfügt hat, zu seinen Kindern anstatt von „Feuer" etc. von „Feuerchen", „Feuersteinchen" und „Säbelzahntigerentchen" gesprochen hat.

Die -chen-Sprache ist auch heute noch recht einfach zu erlernen.

ABER: Nicht alles geht!

GEHT	GEHT NICHT
Fläschchen	Kinderärztchen
Breichen	Väterchen
Bäuerchen	Tagesmütterchen
Windelchen	Stiefmütterchen
Nickerchen	Bobby Carchen
Höschen	Stationsschwesterchen
Strümpfchen	Chefärztchen
Papichen	Unfällchen
Brüderchen	Krankenhäuschen
Schwesterchen	Traumachen
Bettchen	Narköschen
Gläschen	Hebämmchen
Löffelchen	Butterbrötchen
Messerchen	Zäpfchenchen
Gäbelchen	Stuhlgängchen
Kackichen	Kindergärtchen
Stühlchen	Maxi-Cosichen
Tablettchen	Müslichen
Pillchen	Spielzeugchen
Gut's Nächtchen	Schlafanzügchen
Rutsche-Autochen	

„Diese Niedlich-niedlich-Sprache wollte ich nie mitmachen. Aber das ging so Schrittchen für Schrittchen. Ich bin da so reingerutscht. Jetzt kann ich mit meinen Kinderchen gar nicht mehr anders reden. Tschüsschen."
GUNTHERCHEN (41), 3 KINDER

HOLEN SIE SICH DAS „SUPER-DADDY"-FEELING

Wie gut Sie als Vater sind?

Niemand kann es Ihnen sagen.

Deshalb ist entscheidend, was Sie selbst fühlen – und dafür können Sie etwas tun.

So bauen Sie Ihr persönliches „Super-Daddy"-Feeling auf:

Versuchen Sie einfach, sich beim Discounter um die Ecke die begehrten Wochenaktionsprodukte für Kinder zu sichern:

> also beispielsweise Kleinkindersweatshirts in den Größen 62-98, Schneeanzüge, Lego-Duplo-Supersets zum sagenhaften Preis von ...

Diese Produkte sind rar. Von jeder Größe gibt es im Schnitt nur 2 Exemplare. Und alle anderen Mütter/Mapas wollen natürlich immer genau dieselben Größen wie Sie selbst. Klingt wie ein Nintendospiel, ist aber Reality.

Wenn Sie es schaffen, mit dem gewünschten Produkt als Erster an der Kasse zu stehen, erfüllt Sie plötzlich eine Welle von Stolz. Sie hören eine Stimme, die Ihnen sagt:

„Ich habe alles gegeben für den Kinderschneeanzug mit SpongeBob-Motiv in Größe 74! Ich bin sooo ein geiler Vater. **ICH BIN EIN SUPER-DADDY!**"

Überlassen Sie nichts dem Zufall. Für Ihre „Super-Daddy"-Feeling-Erfolgsstrategie hilft Ihnen folgender Merksatz:

Erster im Laden = Erster mit dem Artikel an der Kasse

➡ **Sehen Sie sich schon am Tag davor den Laden genau an:**

- Wo liegen die Aktionsflächen?

- Gibt es eine Abkürzung dorthin durch den Marmeladengang?

- Ist die Aktionsfläche mit Einkaufswagen frei zugänglich?

➡ **Studieren Sie die eingängige Fachliteratur:**

- Discounterprospekte, Tageszeitungsanzeigen und -beilagen

➡ **„Super-Daddy"-Feeling-Days**
An diesen Tagen gibt es Aktionsware:

MONTAG: Aldi, Rewe, Penny, Lidl, Edeka, Plus

DONNERSTAG: Aldi, Lidl, Rewe, Penny

ZUSATZTIPP: Üben Sie vorher unbedingt noch einmal den „ÜberMutter-Abwehrgriff" (vgl. S. 85). Sie glauben gar nicht, wie schnell grabbeltischerfahrene Mütter Ihnen von der Seite reingreifen und Ihnen die praktische Regenhose mit Leuchtstreifen in Größe 98 vor der Nase wegschnappen können.

DAS 5-WOCHEN-TRAININGSCAMP
„SUPER-DADDY"-FEELING

1. WOCHE: START

Aufstehen um kurz vor fünf und noch einmal den Einsatzplan durchgehen: Pünktlich sieben Uhr dreißig vor der Filialentür auf den Einlass um acht warten. Dann Sturm auf die Angebotsfläche. ACHTUNG: Nicht bei dem Werkzeugkoffersonderposten im Eingangsbereich anhalten. **Nicht. NICHT!**

Sichern Sie sich stattdessen gezielt die Kindergummistiefel in Größe 22 für 6,99, von denen es im ganzen Laden nur ein einziges Paar gibt.

Lassen Sie die Stiefel auch im Einkaufswagen nie aus den Augen.

Ab durch die Kasse und den Rest des Tages freinehmen.

2. WOCHE: NACHLEGEN

Ihr Ziel in dieser Woche: Am Montag die Kinder-Regenkombi in Größe 86 bei Penny, am Mittwoch den Arztspielkoffer von Aldi.

Vorgehen wie in Woche 1, und: Vergessen Sie die Werkzeugkoffer!

5. Woche: Schnäppchen kaufen mit Ansage

Sie verfahren wie in Woche 4, aber jetzt kaufen Sie zusätzlich noch für andere Mütter/Mapas mit ein: *„Ich fahr morgen früh gleich zu Aldi, welche Größe soll ich Dir mitbringen? Was? Nein, ich krieg immer, was ich will!"*
Allerspätestens nach diesem erfolgreichen Einkaufserlebnis setzt Ihr Körper eine Riesenladung „Super-Daddy"-Hormone frei.
Und auch die Mütter in der Krabbelgruppe können nun gar nicht mehr anders, als Sie zu bewundern und ebenfalls zu sagen:
„Du bist wirklich ein SUPER-DADDY!"

4. Woche: Profibedingungen

Suchen Sie sich wieder zwei konkurrierende Angebote (wie in Woche 3) heraus.
Ihre zusätzliche Aufgabe dieses Mal: Nehmen Sie auf die Schnäppchenjagd mindestens zwei Kinder mit und tauschen Sie zusätzlich die schon getragenen Rutschisocken von letzter Woche um, so dass Sie Ihr Geld dafür zurückbekommen.

3. Woche: komplexes Zeitmanagement

Jetzt wird's schwer: Am Montag sowohl die Rutschisocken bei Lidl für 1,95 als auch die Kindermalkreide bei Rewe für 99 Cent.

Sie müssen jetzt abwägen: Welches Geschäft öffnet wann, wie lange brauchen Sie von einem zum anderen Laden, welches ist das bessere Angebot?

Kapitel 8

Der grosse Papa-Survival-Test

Wochenendpapi, Vater in Elternzeit oder Fulltime-Daddy?
Sind Sie FIT für das Überleben mit Frau und Kind?

Machen Sie den Test, beantworten Sie die folgenden Fragen.

Die Punktzahl für die richtigen Antworten sehen Sie am jeweiligen rechten unteren Seiten-
rand (kopfüber gedruckt, also nicht schummeln).

Ermitteln Sie Ihre persönliche PAPA-SURVIVAL-Punktzahl und vergleichen Sie sie mit der
Auswertung auf Seite 122.

HABEN SIE NOCH SEX, ODER SIND SIE SCHON PAPA?

Das war's dann wohl mit der Zärtlichkeit. Ab jetzt ist nur noch Zeit fürs Kind. Bei vielen Vätern ändert sich sogar schlagartig der gesamte Wortschatz. Begriffe, die vor der Schwangerschaft klar sexuell besetzt waren, bedeuten für viele jetzt etwas ganz anderes.
Was bedeuten diese Abkürzungen für Sie?

GV

a. ☐ Geschlechtsverkehr
b. ☐ Geburtsvorbereitungskurs

MuMu

c. ☐ Weibliches Geschlechtsorgan
d. ☐ Muttermund

DIAPHRAGMA

e. ☐ Verhütungsmittel
f. ☐ Anderes Wort für Zwerchfell, wichtig für die Atmung bei der Geburt

b. ••• | d. ••• | f. •••

TRENDIGE VORNAMEN

Hier können Sie messen, wie sehr Sie Ihr Ohr am Puls der Zeit haben. Denken Sie daran: Eltern wirken immer so jung wie die Vornamen ihrer Kinder. Gell, Jürgen?
Welche beiden Namensanhänger für Kinder verkaufen sich im Souvenirshop überraschenderweise deutlich schlechter als die anderen?

a. ☐ Finn
b. ☐ Lukas
c. ☐ Hans Werner
d. ☐ Hanna
e. ☐ Lea
f. ☐ Bärbel

c. ••• | f. •••

GEBURT

Bringen Sie die Begriffe in die richtige Reihenfolge:

a. ☐ Gruppenfoto Kreißsaalteam
b. ☐ Stativ und Scheinwerfer aufbauen
c. ☐ Zoom auf Gesichtsausdruck „Pressen"
d. ☐ Geburtsvollzugs-MMS verschicken
e. ☐ Weitwinkelaufnahme „von Frau angeschrien werden"
f. ☐ Nahaufnahme Geburtswehen
g. ☐ Akkuwechsel bei „Kopf ist schon raus"
h. ☐ Autofokus aus bei Klaps auf Po

b. c. f. e. g. h. a. d. •••

WINDELN

Unsere Lernwindeln Pupsi und Strulli sind wieder einmal schief gewickelt. Deshalb stimmt die Reihenfolge ihres kleinen Windel-Chats nicht mehr.
Bringen Sie den Dialog des pädagogischen Pupsi-und-Strulli-Comics in die richtige Reihenfolge:

a. ☐ Na und? Was soll ich denn sagen? Ich bin schon seit gestern
abend total am A...! Harharhar, ich mach mich nass, hihi!

b. ☐ Nee, ich fühl mich heute irgendwie total besch...

c. ☐ Ehrlich gesagt hatt ich auch immer schon das Gefühl,
Du bist nicht ganz dicht! Harharharhar!!!

d. ☐ He, Strulli, woll'n wir uns heute mal wieder so richtig
volllaufen lassen?

d. b. a. c. •••

Termin beim Kinderarzt

Babys müssen in bestimmten Intervallen vom Arzt durchgecheckt werden. Die ersten beiden Untersuchungen (U1, U2) erfolgen noch im Krankenhaus. Danach übernimmt der Kinderarzt.

Dafür müssen Eltern einen Termin machen (zur U3, zwischen der 4. und 6. Lebenswoche). Das typische Telefonat mit der Sprechstundenhilfe geht so:

Anrufer:

Guten Tag, mein Baby ist jetzt fünf Wochen alt, ich bräuchte einen Termin für die U3.

Sprechstundenhilfe:

Für die U3? Ja, da hätten Sie spätestens vor sechs Wochen anrufen müssen, da hatten wir noch Termine, aber jetzt ...

Anrufer:

Ähh, da war unser Kind ja noch gar nicht geboren ...

Was tun?

a. ☐ Fürs nächste Kind notieren: Direkt nach Zeugungssex beim Kinderarzt anrufen und Termine klarmachen
b. ☐ Fluchen, auflegen, anderen Arzt suchen
c. ☐ Sprechstundenhilfe anbetteln, notfalls mit Pralinen oder Gratissex ködern

a. ••• | c. •• | b. •

Nonverbale Kommunikation

Auf welchem der Bilder sagt uns das Kind deutlich: „Papa, ich werde sehr bald und ganz plötzlich die Nachbarschaft zusammenbrüllen, weil ich spontanen Hunger auf ein Fläschchen bekommen werde"?

c. ••• fragen Sie nicht, warum

114

VERBINDEN SIE DIE PUNKTE! WAS SEHEN SIE?

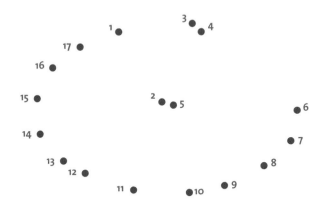

a. ☐ Prima Fitnessgerät
b. ☐ Kann man bestimmt gut Bier drin kaltstellen
c. ☐ Irgendwas zum Baby rumtragen

a. ••• | b. ••• | c. ⊙

UNBRAUCHBARE GESCHENKE FÜRS NEUGEBORENE

Auch wenn man nach der Geburt noch so groggy ist: Ein gewisses Gefühl für Mode und Ästhetik ist auch durch die stärksten Hormonschübe nicht wegzukriegen.

Deshalb fällt es vielen Paaren schwer, sich korrekt zu bedanken, wenn sie noch im Krankenhaus von Freunden und Verwandten mit nicht immer herausragend hübschen Viskose-Stramplern, Rüschen-Bodies und Frottee-Rasseln fürs Neugeborene zugeworfen werden. Wie sage ich selbst bei unpassenden Geschenken korrekt „Danke"?

a. ☐ „Oh, klasse, 100 % Polyester. Dann können wir ja auch gleich die neue Wundcreme testen, wenn er sich die juckenden Stellen aufkratzt."
b. ☐ „Ein Schneeanzug in 48, jetzt im Sommer? Vielleicht können wir die Kleine ja im Schraubstock schlafen lassen, damit sie bis zum Winter bloß nicht wächst."
c. ☐ „Ähh, danke."
d. ☐ „Was das denn für 'n Dreck? Das könnt ihr gleich wieder mitnehmen!"

a. ••• | b. ••• | c. ⊙ | d. •

KRABBELGRUPPENCODE

„Du hast ja drei Monate nach der Entbindung schon wieder 'ne Top-Figur!"
Was meint diese Mutter wirklich?

a. ☐ „Wohl öfter im Fitnessstudio gewesen als bei Deinem Baby, Du Schlampe!"

b. ☐ „Schon nach zwei Wochen abgestillt, was? Wart mal ab, wenn Dein Kind später
Allergien bekommt, dann weißt Du ja, warum."

c. ☐ „Ich bewundere Dich und gönne Dir das aus vollem Herzen."

a. ••• | b. ••• | c. •

MUSIKALISCHE FRÜHERZIEHUNG

116

Kinder lieben Musik. Daher muss man sie frühzeitig in die musikalische Früherziehung zerren. Dort wird gesungen, geklatscht, getanzt – und manchmal machen die Kinder sogar mit. Am Ende des Kurses bringen alle Tee und Kekse mit, und dann gibt es eine Feedbackrunde. Einer der am Kurs Beteiligten hat den Musikkurs ganz anders wahrgenommen als die anderen. Wer war's?

Feedback-Stimmen nach Kursende:

a. ☐ *„Ich wusste gar nicht, dass das musikalische Früherziehung ist, wenn die Eltern im Kreis stehen und Kinderlieder singen, bei denen sie auch noch pantomimisch mitmachen müssen, während die Kinder durch den Saal toben, als ob sie das alles nichts anginge."*

ANONYMER VATER IN ERZIEHUNGSZEIT

b. ☐ *„Moderne Kinderlieder müssen sich anscheinend überhaupt nicht mehr reimen, und ihre Melodien laufen so unvorhersehbar wie ein Besoffener im Minenfeld."*

EINE MUTTER, DIE LIEBER NICHT GENANNT WERDEN MÖCHTE

c. ☐ *„Ich hatte jedes Mal Angst, wenn die Klangstäbe ausgeteilt wurden: Wenn die kleinen Racker die Dinger erst mal in den Händen hatten, hieß es Kopf einziehen, oder man wurde von so 'nem Ding voll getroffen. Aber das war wohl Teil des Kurskonzeptes oder so."*

SABRINA B. (NAME GEÄNDERT)

d. ☐ *„Je weicher und anschmiegsamer die Stimme der Musikgruppenleiterin wurde, desto aggressiver hat mich das gemacht. Einmal hatte ich das Klangholz schon wurfbereit in der Hand und ihren Kopf fixiert. Zum Glück haben in dem Moment meine Zwillinge entdeckt, dass man auf den Tambourins Trampolin springen kann. Das hat Schlimmeres verhindert."*

KRISTINA WURMSAT, MUTTER

e. ☐ *„Am meisten an den Musikkursen schätze ich die durchgehend gute Laune und die durchweg positive Stimmung. Ich glaube, Musikunterricht macht die Menschen zufriedener, friedfertiger und weniger aggressiv."*

FIEPKE FÖLKMANN, KURSLEITERIN MUSIKALISCHE FRÜHERZIEHUNG

e. ••••

Wenden Sie die SMP-Techniken an

1. Sie sitzen gemütlich auf der Terrasse Ihrer Nachbarn und schlürfen mit den anderen Eltern/Müttern aus der Nachbarschaft Prosecco. Während Sie gerade nachschenken, hat sich Ihr Kind heimlich nach drinnen geschlichen und mit einer Schere aus dem Kinder-Arztkoffer fachmännisch die Boxen der Stereoanlage ruiniert.

Weil die Rosenstolz-CD plötzlich so schepprig klingt, gehen Sie alle nach drinnen, entdecken den Schaden und Ihr Kind mit dem Tatwerkzeug in der Hand.

Wenn Sie die „Unser Kind ist ja sooo …"-Grätsche anwenden wollen, was sagen Sie?

a. ☐ „Unser Kind ist ja sooo musikalisch!"
b. ☐ „Unser Kind ist ja sooo ein Vollidiot!"
c. ☐ „Unser Kind ist ja sooo gut versichert!"

a. … | b. •

2. Sie gehen mit Ihrem Kind in den Drogeriemarkt. Nachdem sich Ihr Kind wie üblich wütend vor dem Eingang auf den Boden geworfen hat (der bunte Kinder-Einkaufswagen war schon ausgeliehen), scheint nun alles glatt zu laufen. Ja, Ihr Kind kommt sogar mal einen Augenblick ohne Sie klar, weil es am Breigläschen-Regal „Zählen" spielt. Zwei Minuten später jedoch macht es laut „Krach" und „Splitter": Ihr Kind hat so um die zwanzig Gläschen aus dem Regal gefegt. Der Boden ist eine Soße aus Glassplittern, Mildem Gemüseallerlei und Bioreis mit zarter Pute. Sachschaden in etwa 30 Euro.

Welches dieser Statements ist ein 1-a-Offensiv-Tackling?

a. ☐ „Mein Kind hätte sich verletzen können. Wie kann es sein, dass so etwas nicht kindersicher gebaut ist? In was für einem kinderfeindlichen Land leben wir eigentlich?"
b. ☐ „Oh, verdammt. Das tut mir leid, ich habe mein Kind aus den Augen verloren, ich komme selbstverständlich für den Schaden auf."
c. ☐ „Ich muss weg!"

a. …

SCHLAFENTZUG

Schlafentzug ist eine anerkannte Foltermethode. Bei Kindern, die nicht mehr gestillt werden müssen, wechseln sich daher viele Paare ab beim „Nachtdienst". Das heißt, dass auch Papa mal dran ist, schnell zum schreienden Baby zu laufen, um es zu trösten, zu wiegen und herumzutragen, bis es wieder einschläft.

Anfangs klappt diese Dienstaufteilung recht gut. Mit der Zeit jedoch geht wieder der (die) zum Kind, der (die) beim Babygeschrei als Erste(r) die Nerven verliert.

Welcher Satz eignet sich am nächsten Morgen am besten, um die nächtliche Schrei-Ignoranz zu entschuldigen?

a. ☐ „Du, Schatz, ich glaub, ich leide an Gehörangleichung. Ich nehm das nicht mehr wahr, wenn unser Kind schreit. War heut Nacht was?"

b. ☐ „Darling, ich hab gestern Abend total vergessen, dass wir ein Kind haben, und mir Ohropax reingestopft. Böse?"

c. ☐ „Sei nicht ungerecht, Hase, ich schnarch momentan so laut, wie soll ich da das Kind hören?"

c. ••• | a. •• | b. •

UNTERWEGS MIT KLEINKINDERN

Was hat dieser Vater vergessen?

a. ☐ Einen Schlitten, es könnte ja eventuell noch Schnee geben

b. ☐ Seinen Verstand

c. ☐ Rechtzeitig zu verhüten

c. ••• | a. •• | b. •

REDEN STATT HANDELN, HABEN SIE ES DRAUF?

Geräteabbau beim Kleinkinderturnen. Nur noch die große Weichbodenmatte muss hochgehoben und an die Wand gestellt werden, dann kann der Abschlusskreis stattfinden.

Doch es kullern noch eine Vielzahl von Zwei- und Dreijährigen auf der Matte herum.

Nach mehrmaligem Ermahnen und teilweisem Eingreifen der anderen Eltern ist es jetzt nur noch Ihr Kind, das auf der Matte Rolle machen übt.

Alle anderen Kinder und Eltern warten. Sie aber plauschen am anderen Ende der Turnhalle gerade ganz wichtig mit einer der Mütter über „Krapus" (Leder-Krabbelschuhe), die ihre Cousine in Handarbeit selbst herstellt.

Wie verhalten Sie sich richtig?

a. ☐ Sie brechen das Gespräch ab und nehmen Ihr Kind rasch von der Weichbodenmatte runter.

b. ☐ Sie spüren die auffordernden Blicke der anderen Eltern, aber Sie tun so, als würden Sie es nicht bemerken, und drehen sich um.

c. ☐ Sie rufen sanft und fast unhörbar: „Ach Tonja, komm doch da runter", nichts ändert sich, und Sie bestellen dann in Ruhe die blauen Krapus in Größe 23 mit roter Blume obendrauf.

a. | b. ••• | c.

120 VÄTER IN ERZIEHUNGSZEIT

Erziehungszeit sehen viele Väter als eine Art vorübergehenden „Jobwechsel". So auch Giovanni S., Vater aus Leidenschaft.

„Warum aber", so der 29jährige, „sollte man dabei nicht auf seine langjährige Berufserfahrung zurückgreifen?" Windelwechseln zum Beispiel dauert, so wie seine Frau es bisher gemacht hat, zwischen 6 und 9 Minuten.

Ein Fall für Giovanni. Mit seiner neuen Windelwechselcrew, bestehend aus ihm, Volker, Kevin, Murat und Jürgen, schaffen sie das Ganze nun in 6 – 9 Sekunden.

Welchen Beruf hatte dieser Vater früher?

a. ☐ Landrat

b. ☐ Proktologe

c. ☐ Formel-1-Mechaniker

··· ⊃

PAPA-GLUCKEN-SEHTEST

Wie „mütterlich" Sie als Mann durch Ihre Zeit mit den Kindern geworden sind, können Sie ganz leicht anhand des sogenannten „Glucken-Sehtests" ermitteln.

Papa-Glucken (oder Mapas) entwickeln mit der Zeit eine selektive Sehschwäche, so dass sie nur noch Dinge rund ums Baby wahrnehmen:

Ordnen Sie die Buchstaben: Welches Wort entsteht?

– Bier ••• | Brei –

WICKELTASCHE, VON MÄNNERN GEPACKT

Wenn Männer zu Hause bei den Kindern sind, nennt man sie „Hausmann".

„Hausmann" ist aber nicht gleichzusetzen mit „Hausfrau".

Denn wenn Männer zu Hause sind, wird von ihnen nicht nur ein aufgeräumtes Zuhause und das Zubereiten von Mahlzeiten verlangt, sondern sie sind zusätzlich auch Hausmeister und es wird erwartet, dass sie rund um die Uhr alles reparieren (tropfende Wasserhähne, kaputter Kinderwagen, defektes Kinderfahrrad ...).

Allein schon deshalb sieht eine Wickeltasche, gepackt von einem Mann, ganz anders aus:

Was gehört in die Wickeltasche?

a. ☐ Sport Bild, Men's Health
b. ☐ Sechskantschlüsselsatz, Inbusschlüssel
c. ☐ Akkuschrauber und Bitsatz
d. ☐ Caramba
e. ☐ Zweikomponentenkleber, Schraubzwingen
f. ☐ So Sachen fürs Baby

• f. ••• | e – a

AUSWERTUNG

0–19 Punkte: WOCHENENDPAPA

Machen wir uns nichts vor: Sie haben keine Ahnung von Kindern und Erziehung und wollen damit auch möglichst wenig zu tun haben.

Oder anders gesagt: Wenn Sie jetzt auch nicht wissen, wo's zum nächsten Zoo und wo zum nächsten McDonald's geht, sind Sie echt aufgeschmissen.

Trotzdem werden Sie es schaffen. Holen Sie sich für die Erziehung Ihrer Kinder notfalls professionelle Hilfe: Nintendo, Teletubbies, Playmobil RC Train ...

Wichtig für Sie: Wenn Ihre Frau querschießt und Dinge sagt wie: *„Das geht nicht, dass Du den Kindern immer alles erlaubst"*, sagen Sie leicht mystisch: *„Männer erziehen anders."*

Der Satz liegt voll im Trend und klingt, als ob irgendwas Wissenschaftliches dahinter wäre.

Sie werden sehen: Auf diese Tour bekommen Sie bei Ihrer Frau mit etwas Glück auch das lang ersehnte Carrera-Bahn-Zimmer durch. Viel Spaß damit.

20–44 Punkte: VATER IN ERZIEHUNGSZEIT

Verzweifeln Sie nicht. Sie machen das alles eigentlich ganz gut. Was Ihnen fehlt, ist einfach nur der Mut, trotz Küchenschürze weiterhin ein Mann zu sein.

Trainieren Sie einen lockeren Umgang mit Ihrer neuen Rolle, indem Sie im Freundeskreis ganz selbstverständlich Sätze wie *„Ich glaub, ich krieg Milchstau"* oder *„Wie gut, dass ich Vorwaschspray habe"* einstreuen.

Zeigen Sie sich indifferent, wenn man Sie dann an- oder auslacht. Verlachen ist oft nur die Vorstufe zum Bewundern.

Keep that in mind.

45–60 Punkte: SUPER-DADDY

Was soll man Ihnen noch sagen? Wahrscheinlich schreiben Sie selbst gerade an einem Väterbuch. Trotzdem auch für Sie noch ein Hinweis: **Seien Sie nicht zu perfekt!**

Sonst werden Sie zum Konkurrenten Ihrer Frau. Geben Sie ihr die Chance zum Nörgeln. Lassen Sie die Kinder ab und zu länger fernsehen als vereinbart, lassen Sie beim Staubsaugen in einigen Ecken extra ein paar Flusen liegen ... Ihre Beziehung wird es Ihnen danken.

UND DANN NOCH: LETZTE RATSCHLÄGE!

ABSOLUTES NO!

Wenn Sie beim Babyschwimmen mit anderen Müttern in der Sammelumkleide landen, bitte vermeiden Sie diesen Spruch:
„Boah! Du stillst noch, nä?"

AGGRESSIONSBEWÄLTIGUNGS-TIPP:

Wenn Sie immer schon mal Leute am Telefon bepöbeln wollten – jetzt können Sie es rund um die Uhr:

6–20 UHR: „Wieso rufst Du denn jetzt an, Du Vollhirni! Das Baby schläft!!! Typisch Kinderlose!"

20–6 UHR: „Bist Du bekloppt, um die Zeit anzurufen??? Irgendwann muss ich ja auch mal schlafen! Typisch Leute ohne Kinder!"

DANKSAGUNG:

Ich danke:
- den wenigen Müttern, die mich trotz meiner Behinderung (Morbus masculinus) teilweise manchmal in einzelnen Fragen fast für voll genommen haben;
- den Müttern aus meiner Krabbelgruppe (keine Angst, ihr kommt im Buch nicht vor!);
- allen Vätern, die mir ihr Leid geklagt haben, und
- ganz besonders meiner Frau Meike, Thomas und Annika Hanik, Gordon Koch und natürlich Andi Altenburg, Dirk Böge und Torben Pöhls für Support und den einen oder anderen guten Spruch.